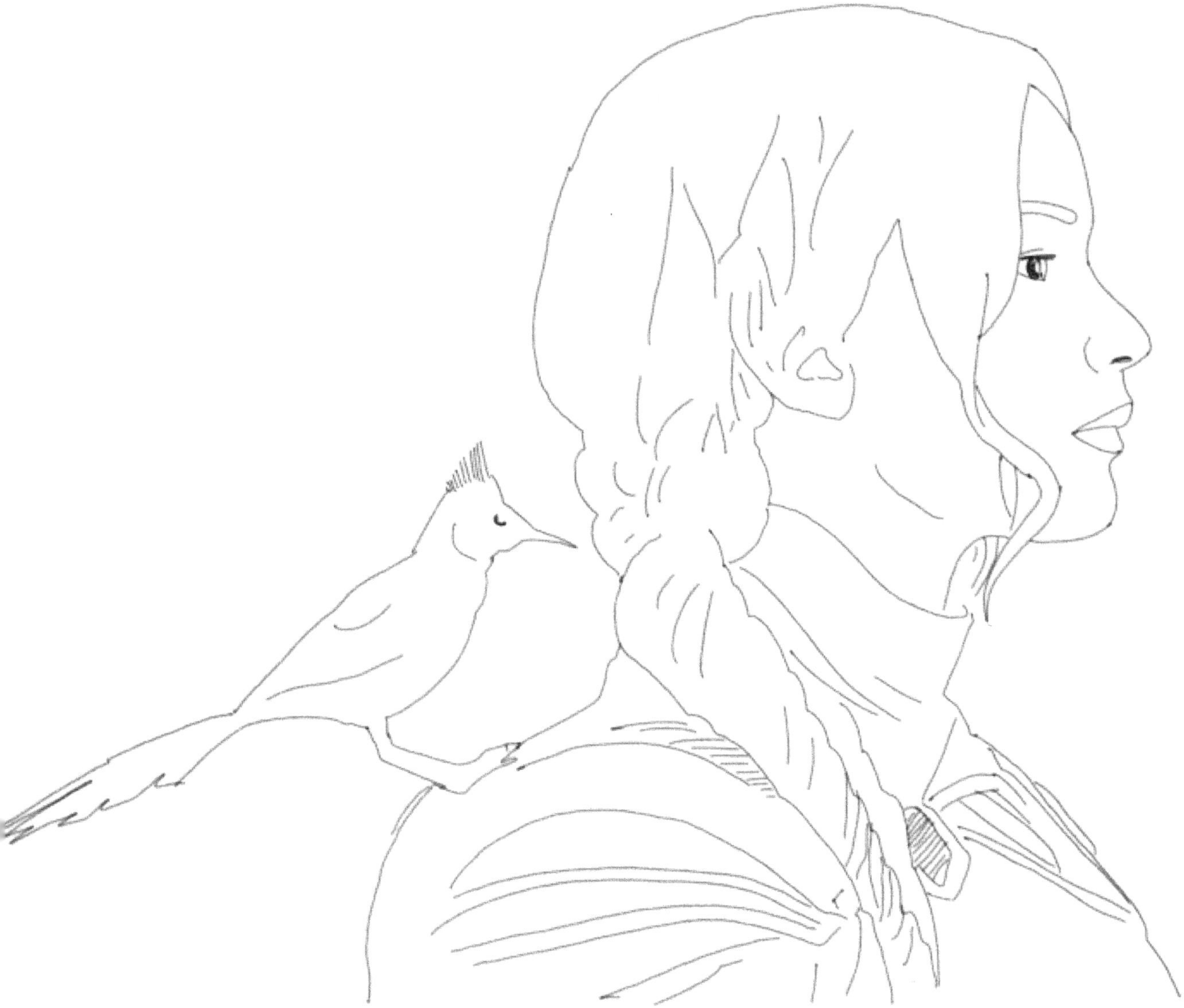

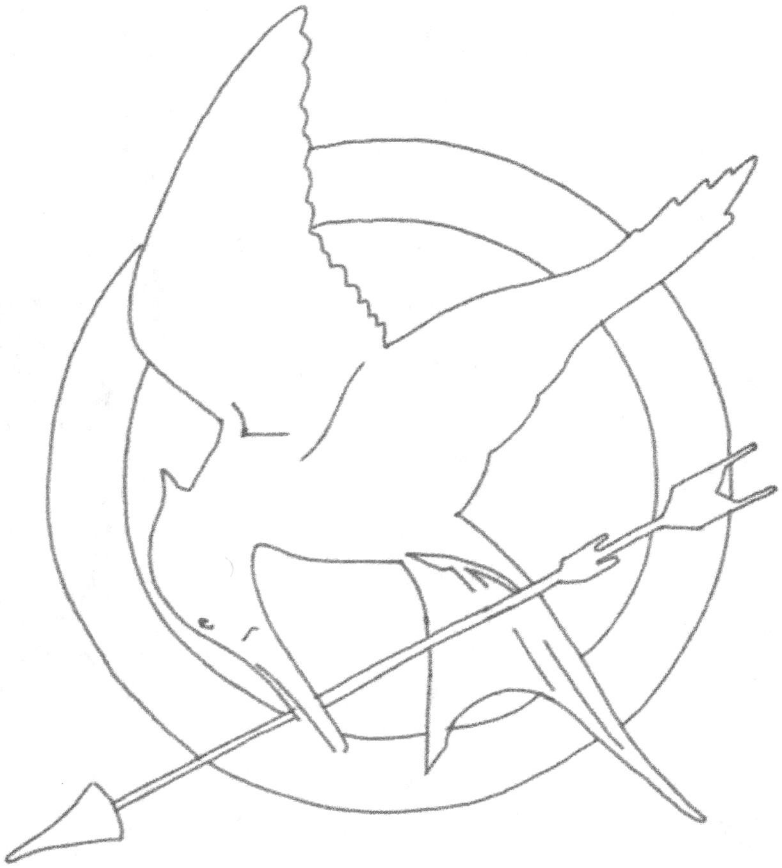

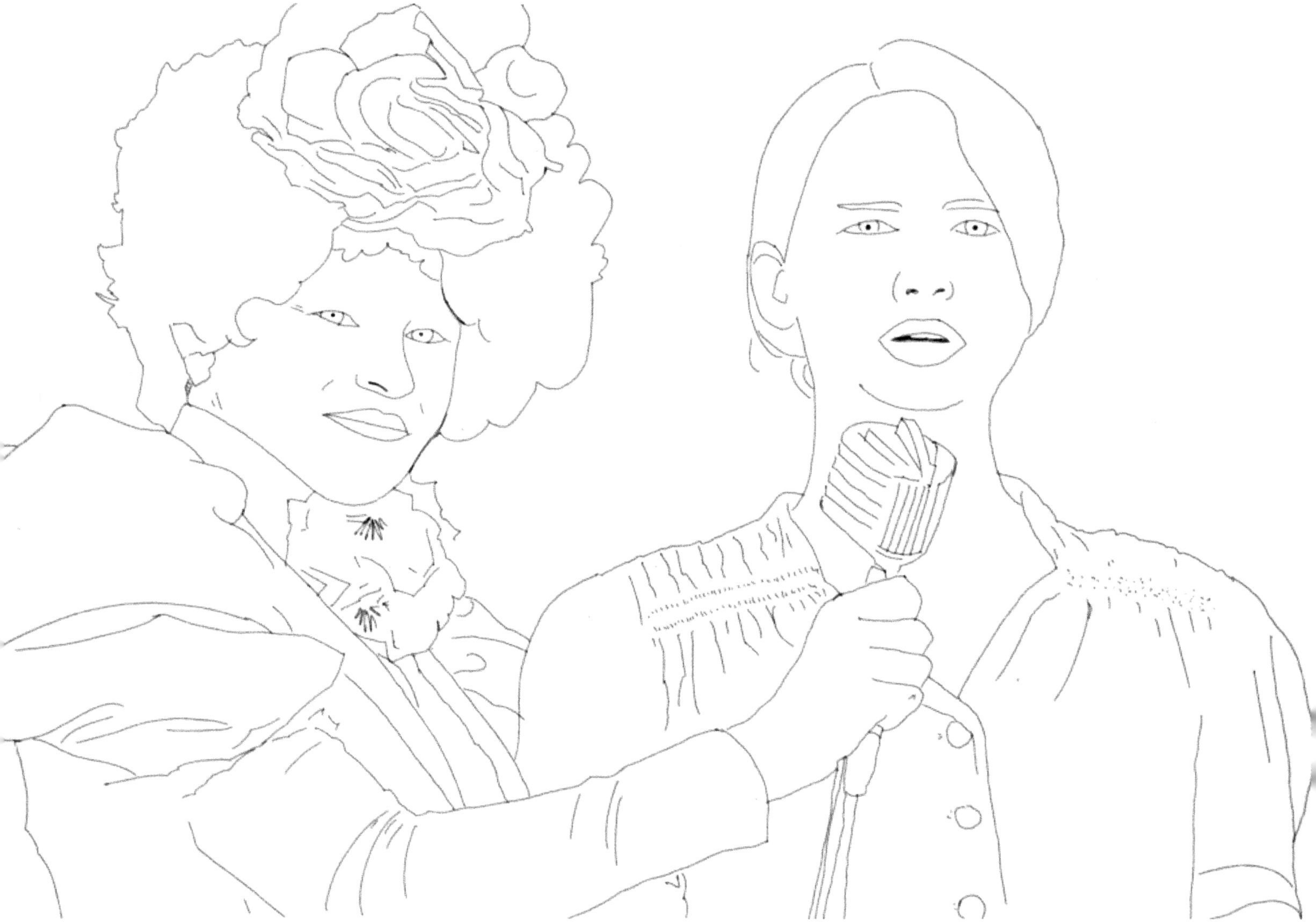

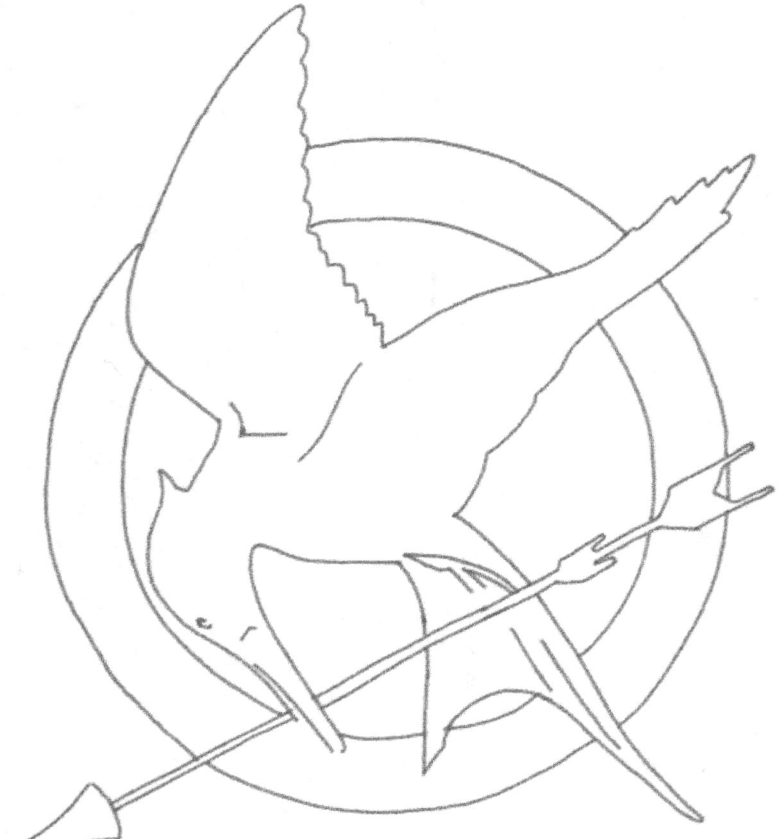

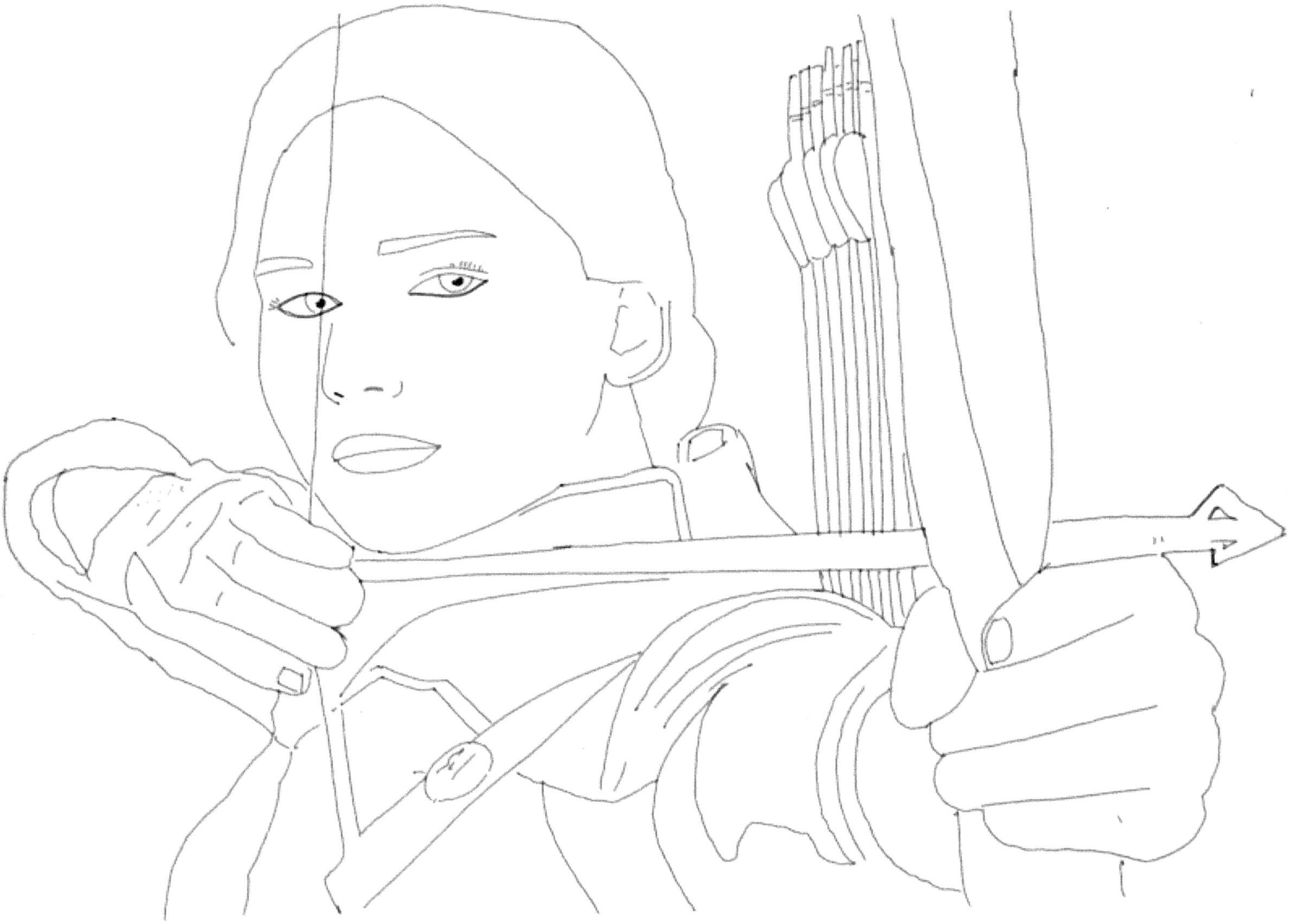

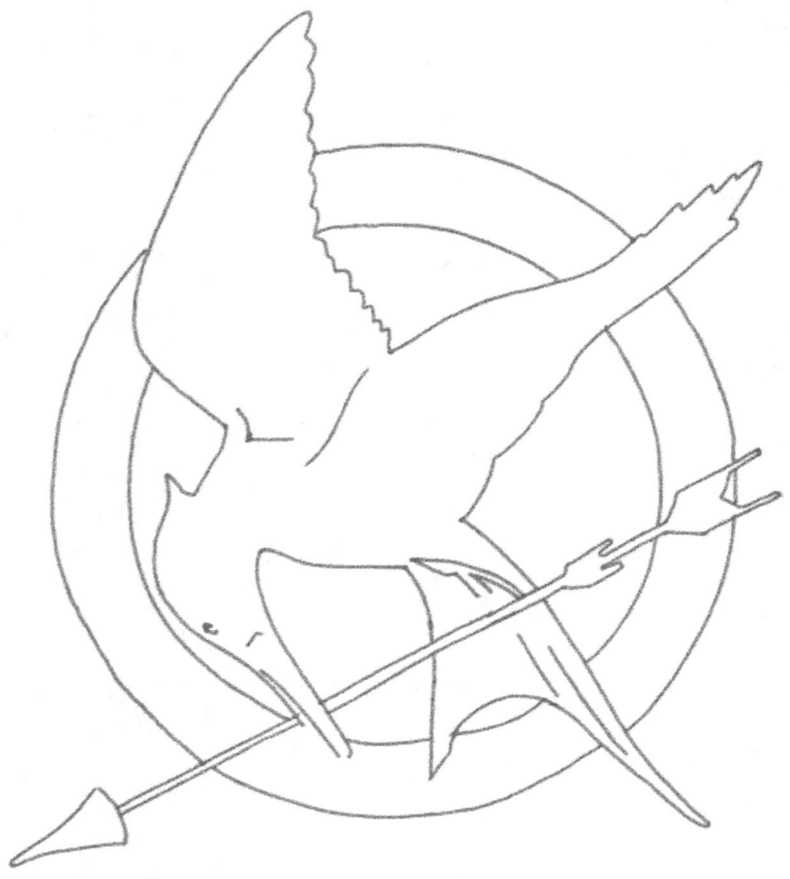

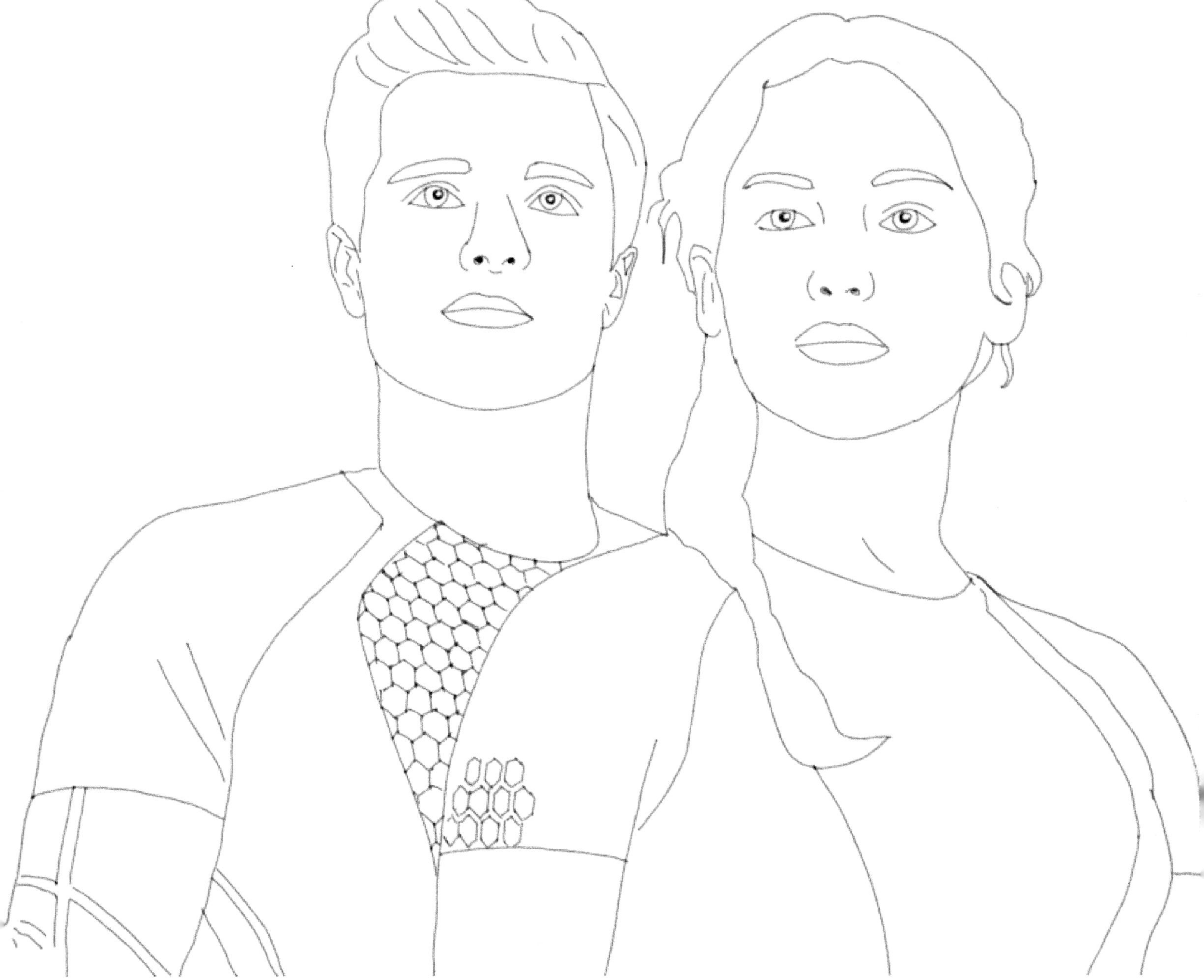

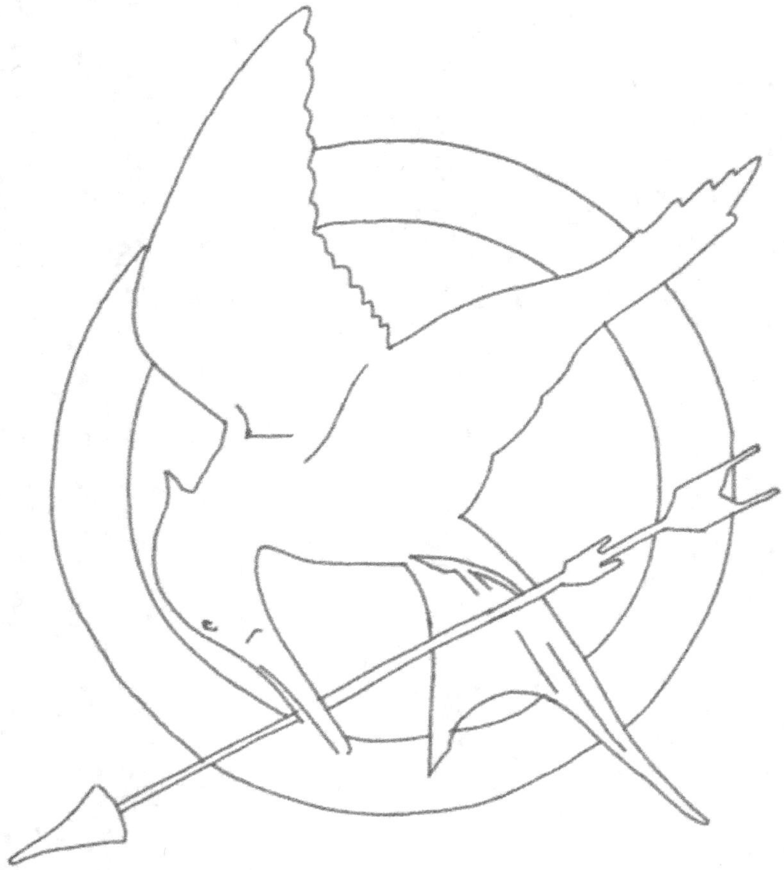

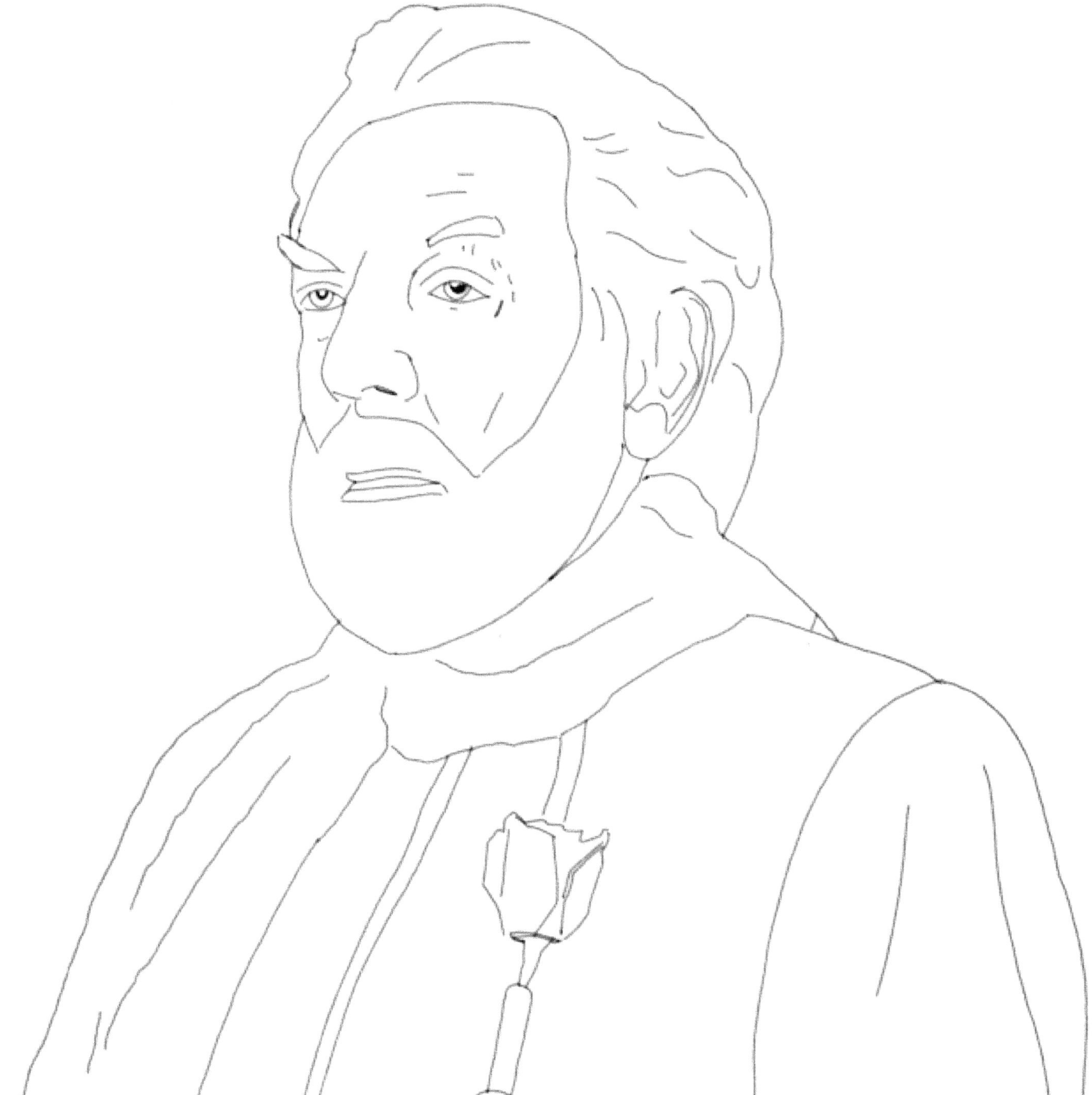

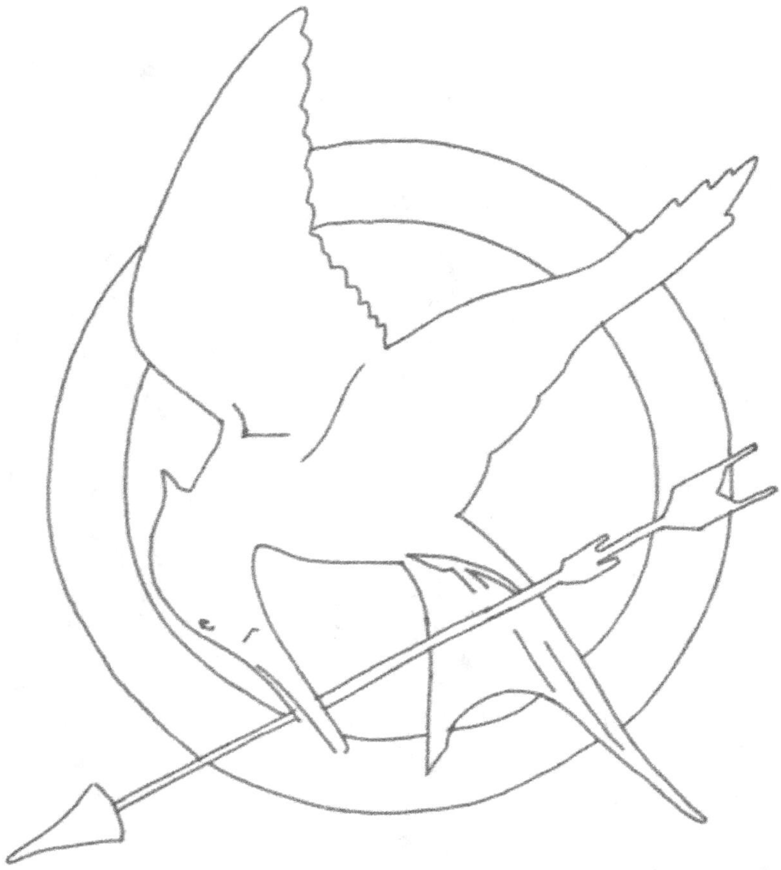

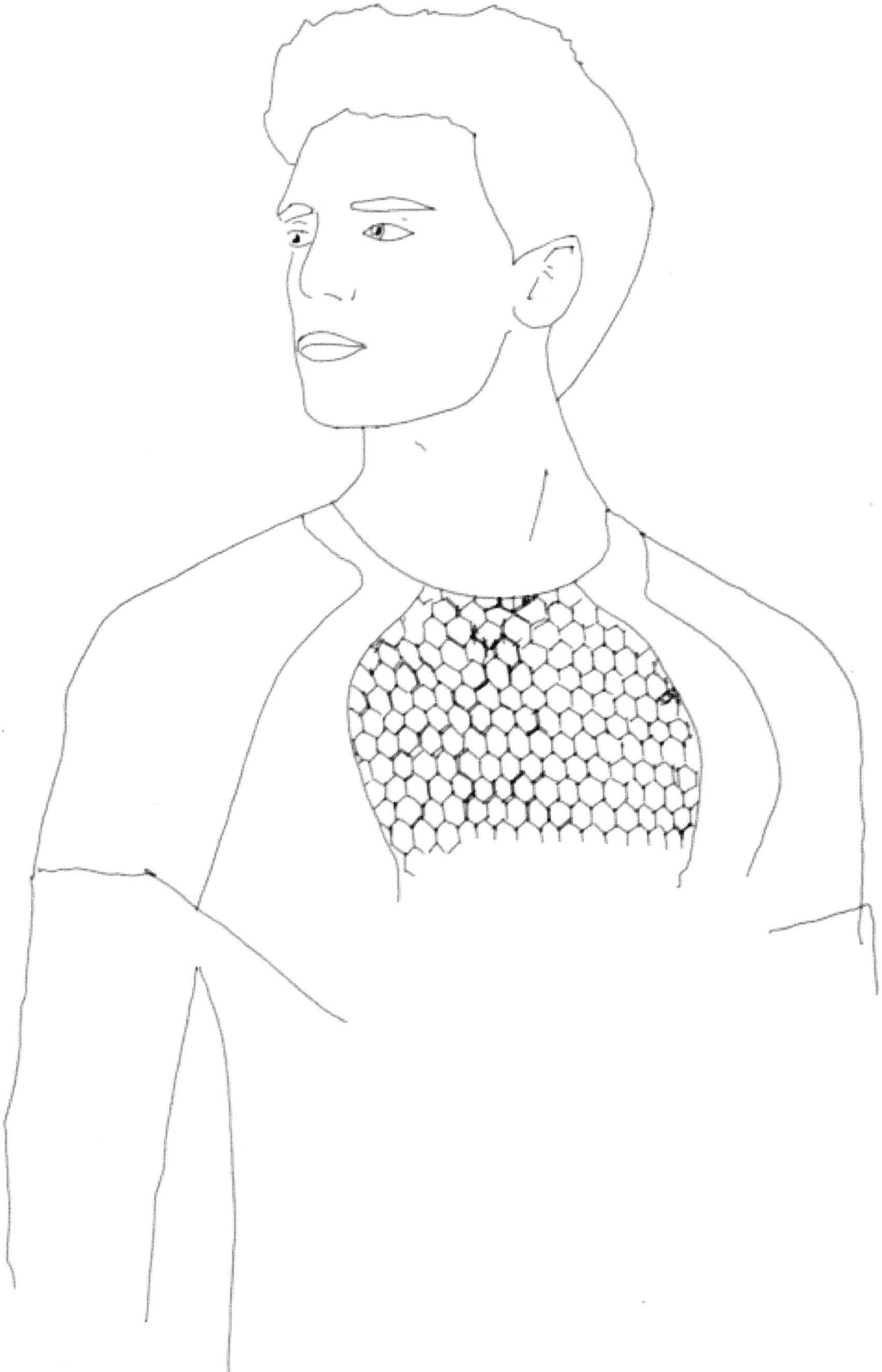

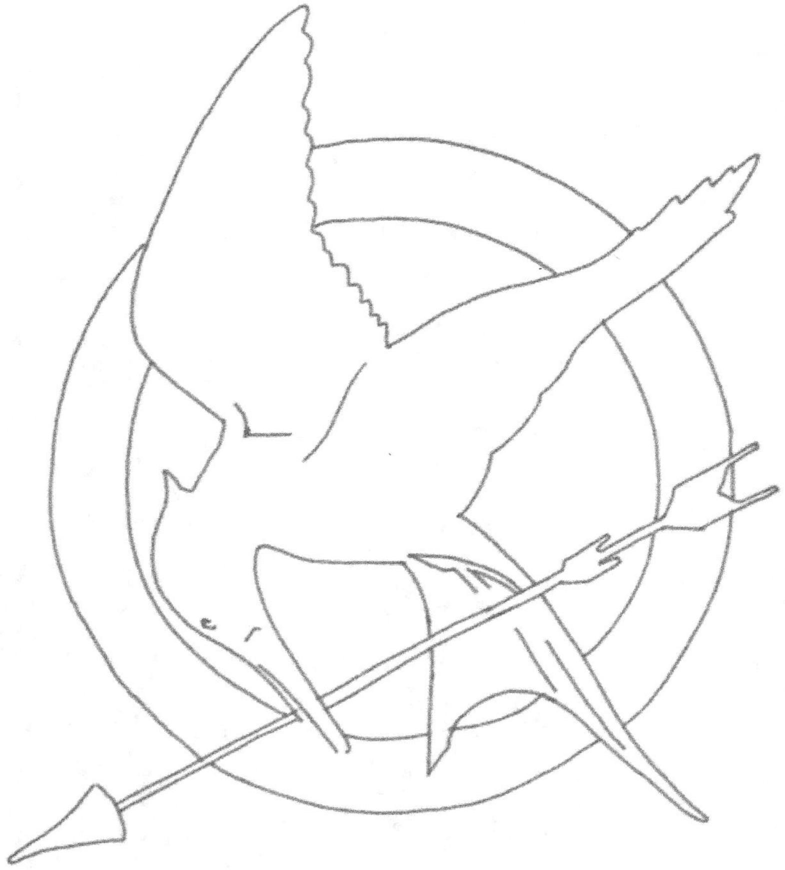

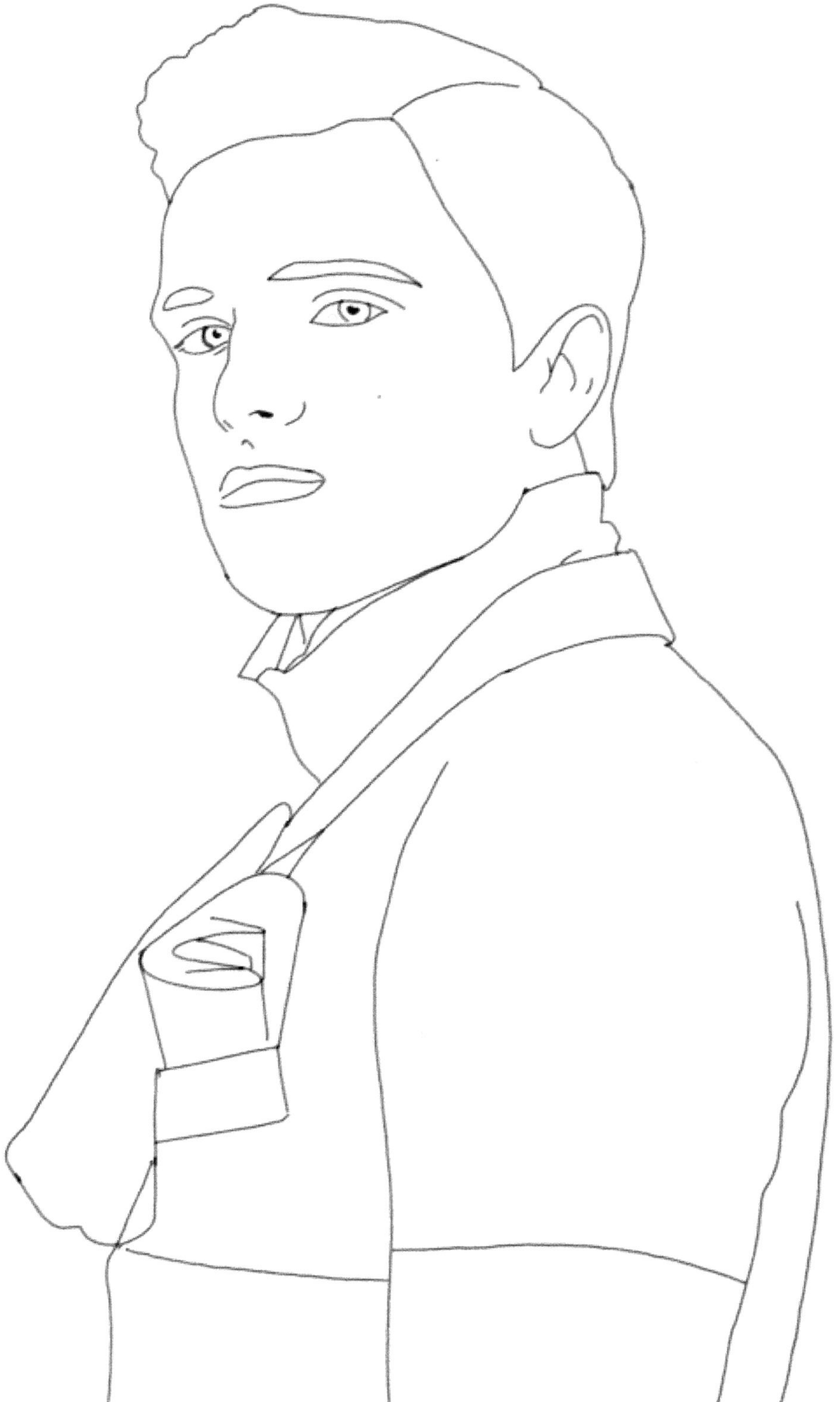

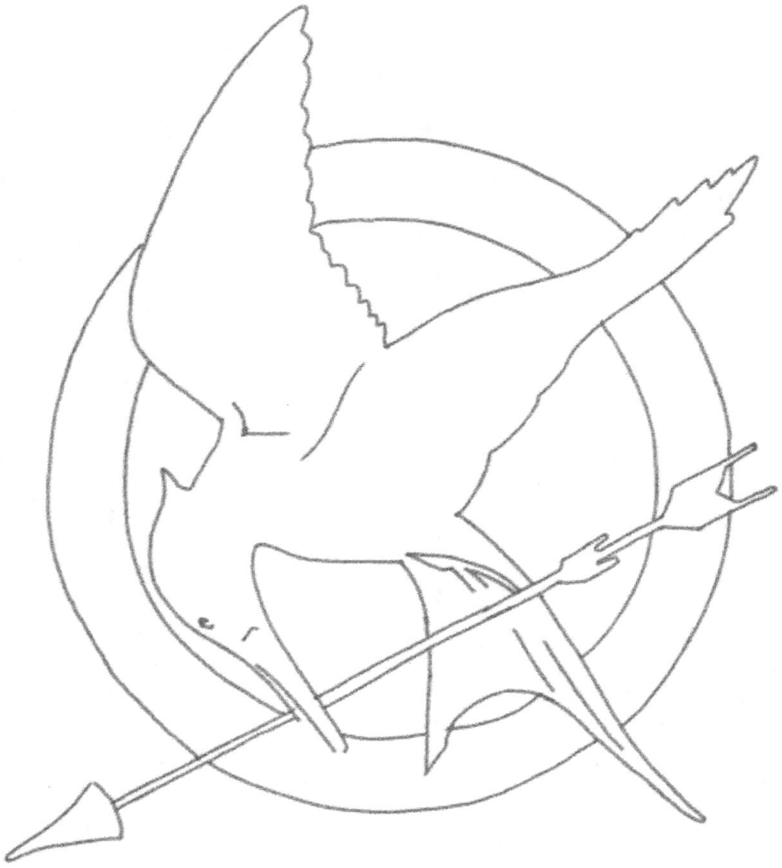

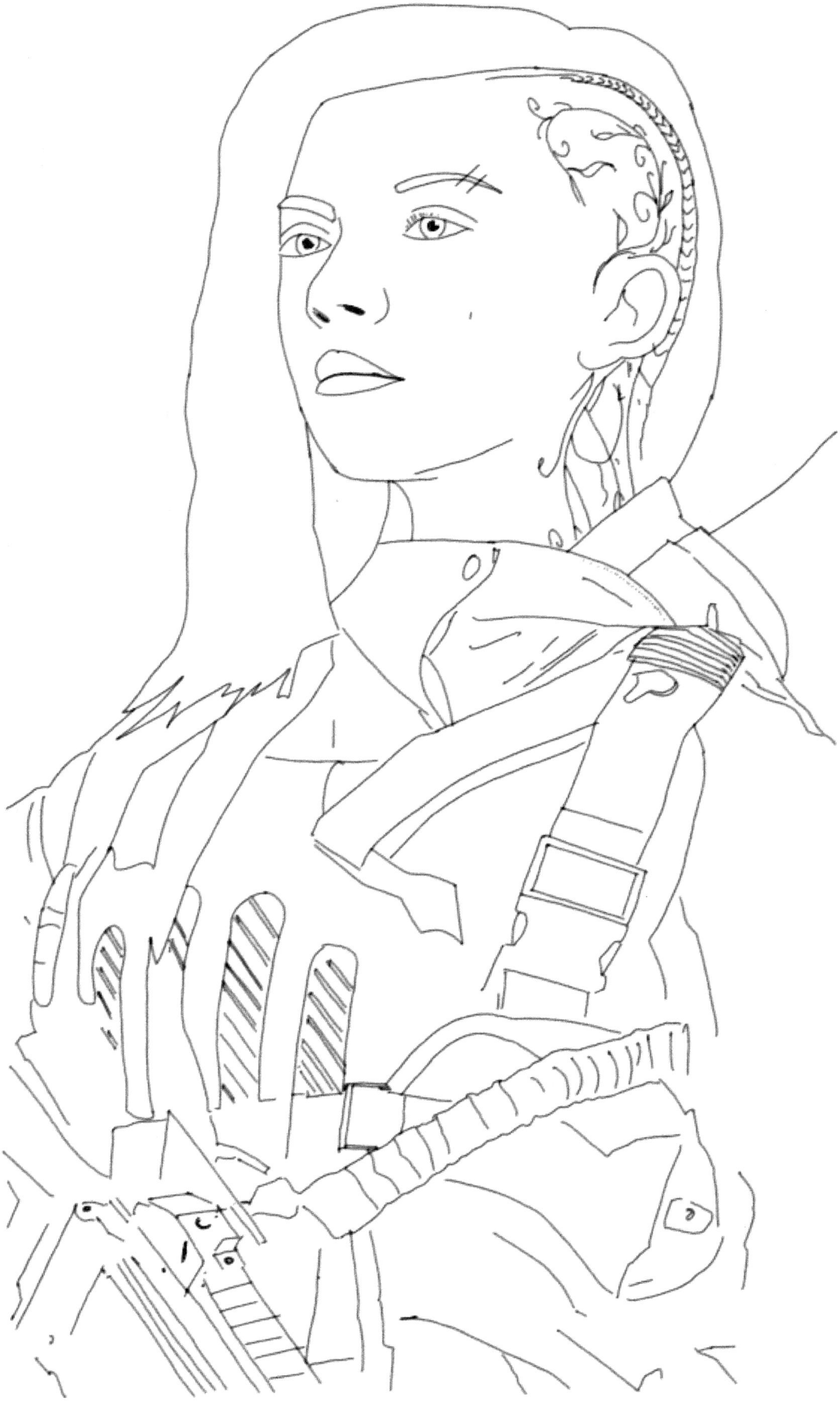

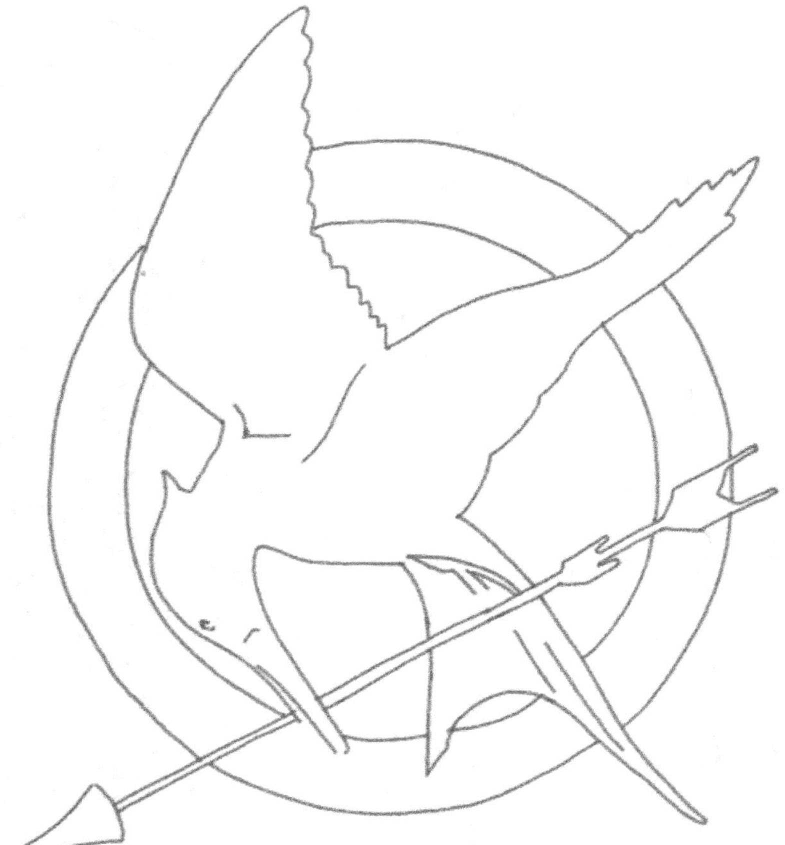

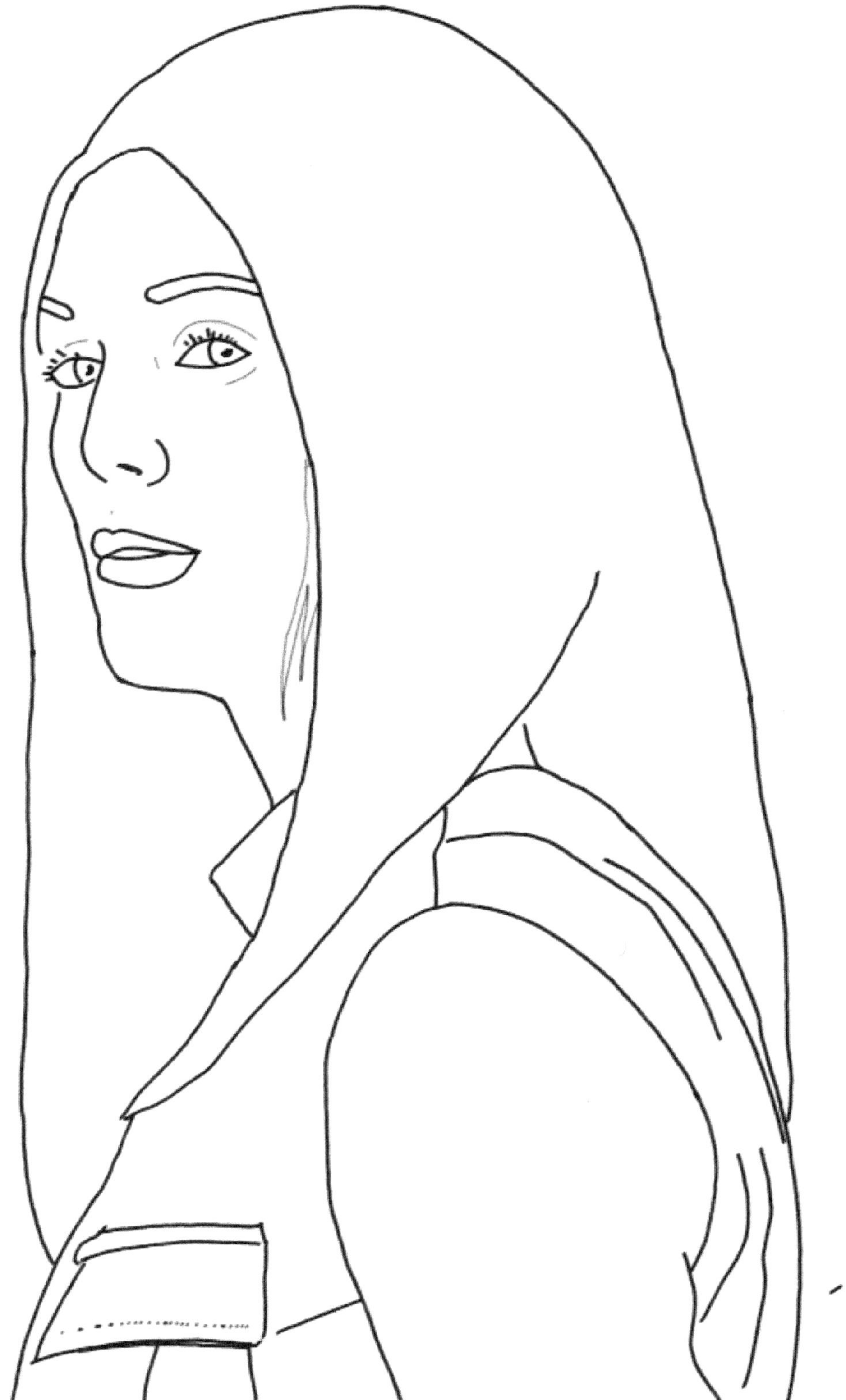

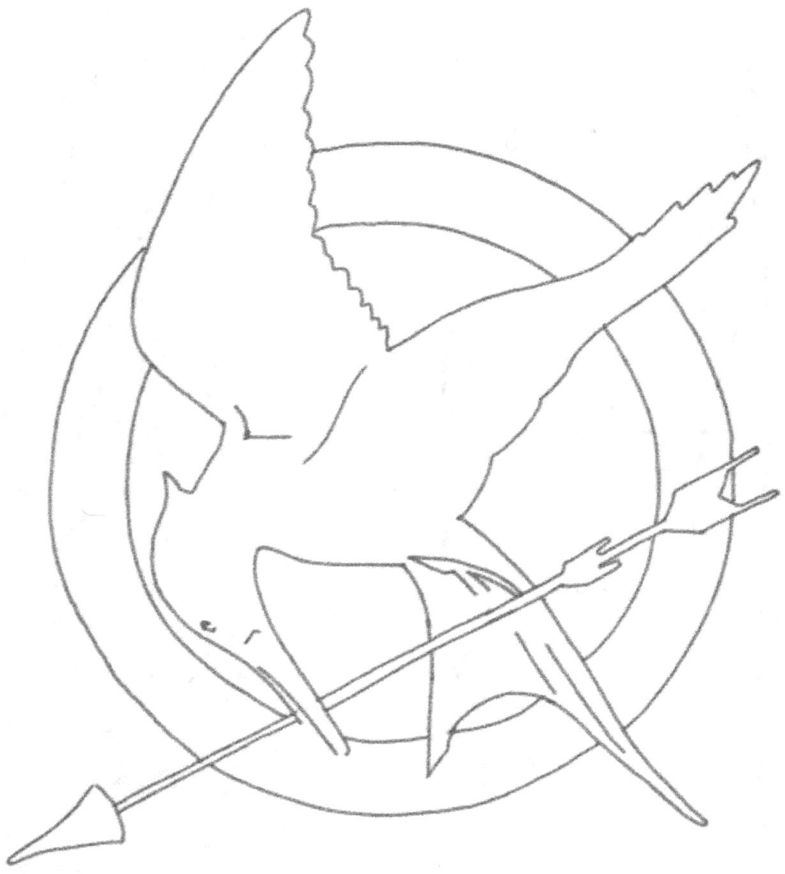

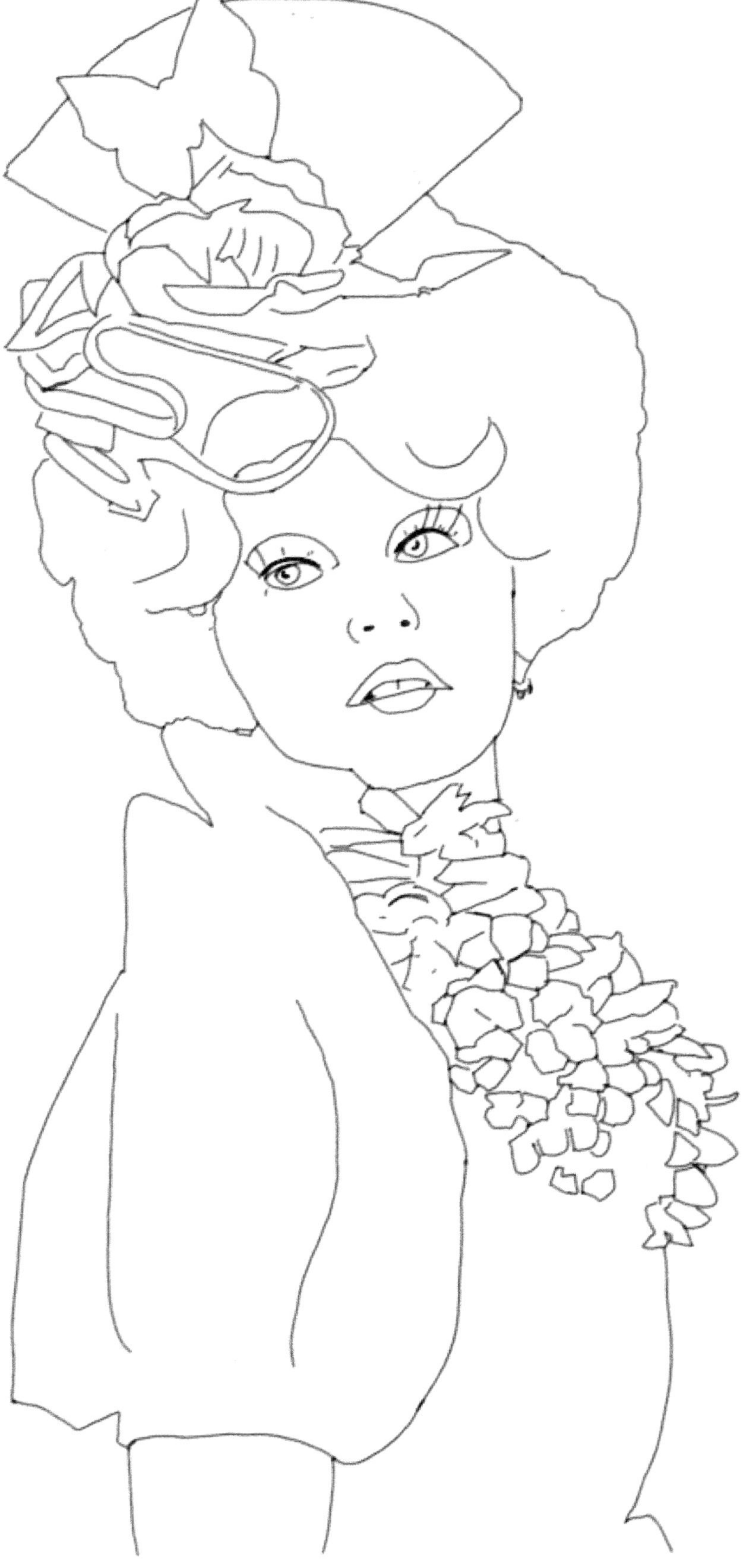

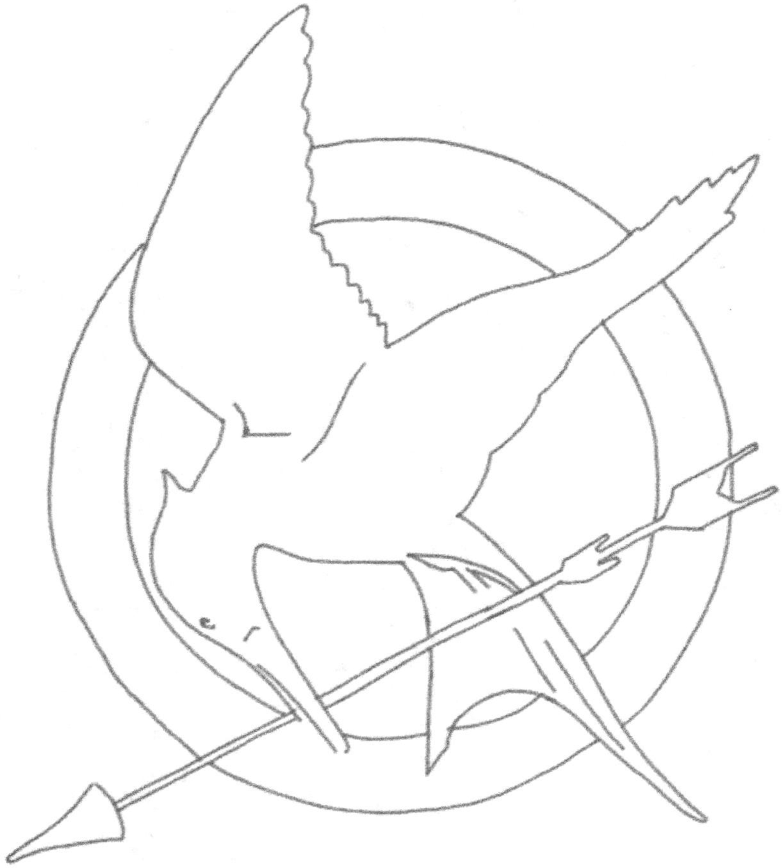

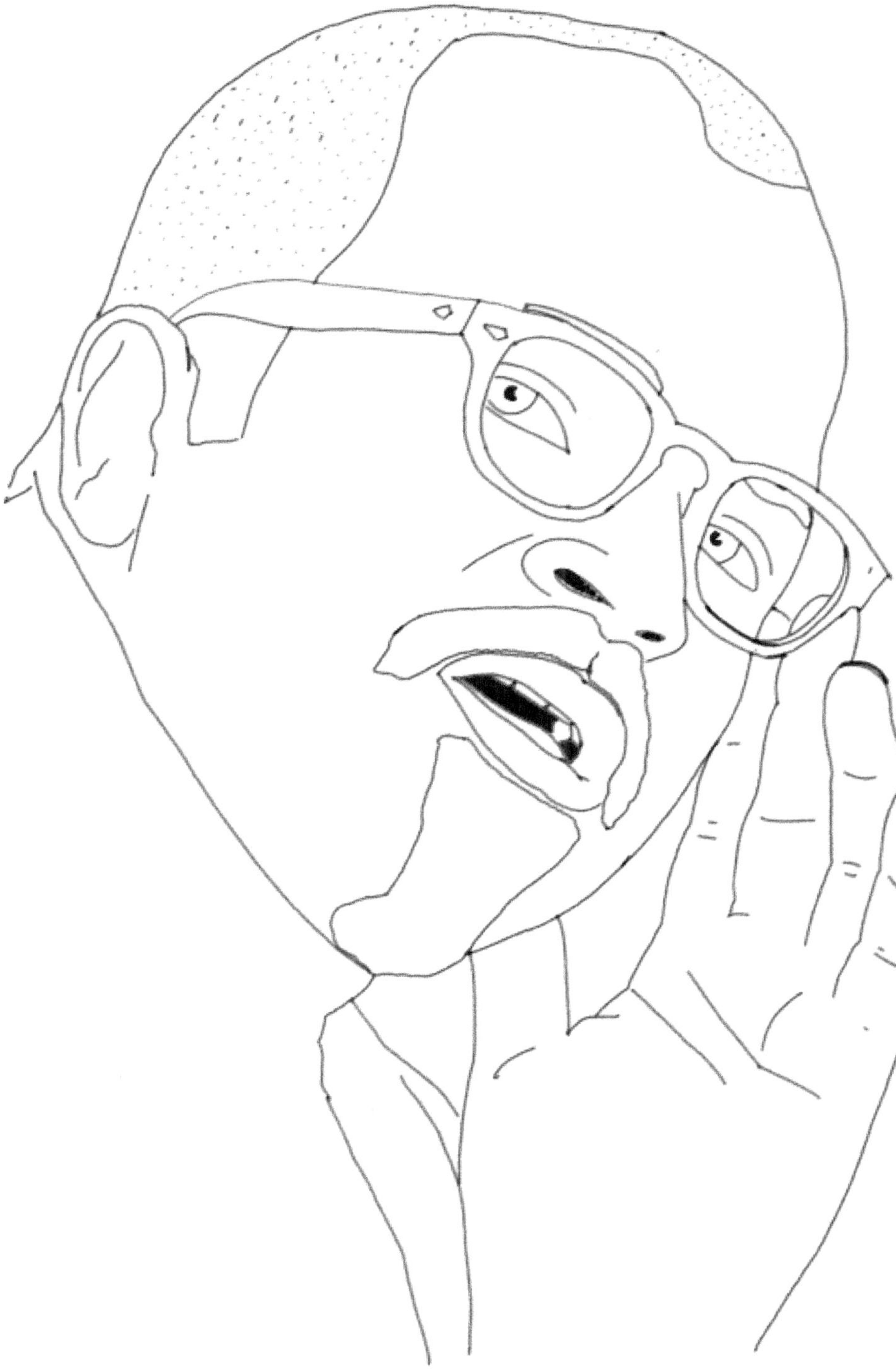

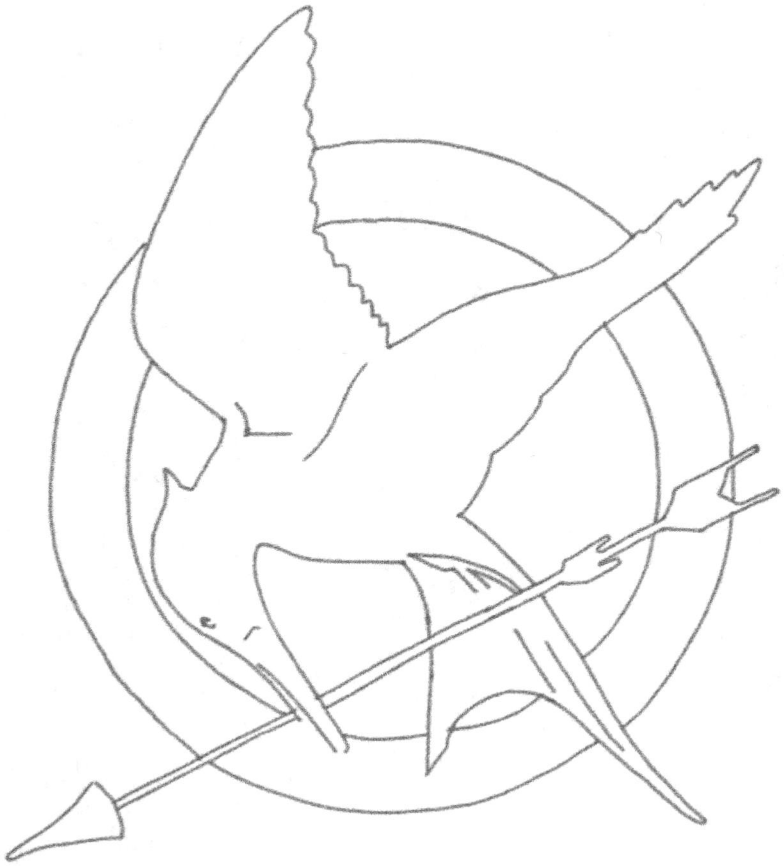

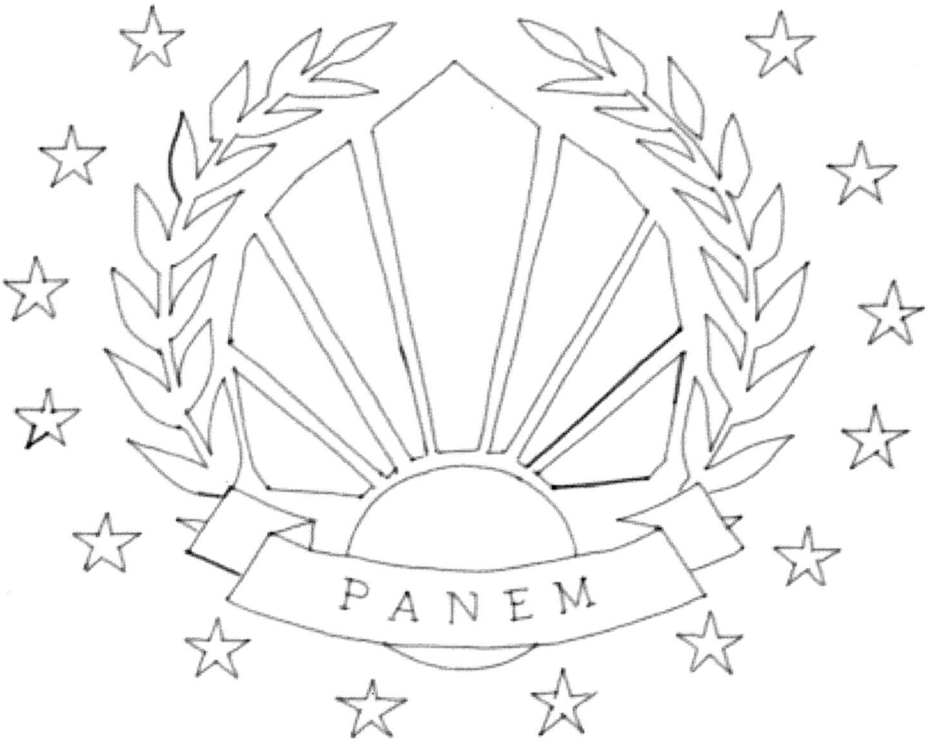
PANEM

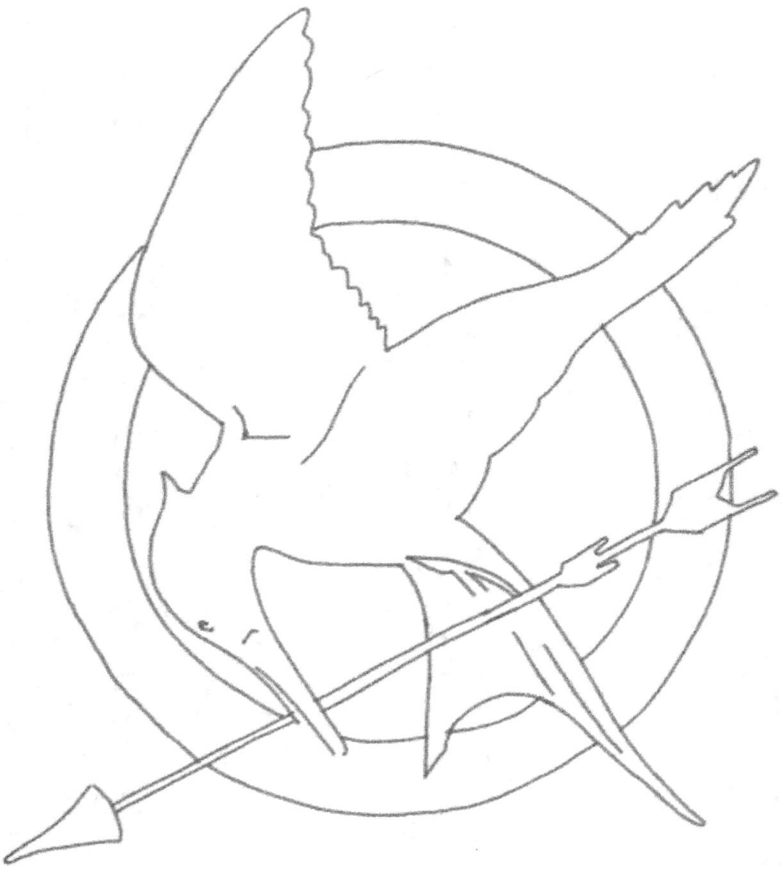

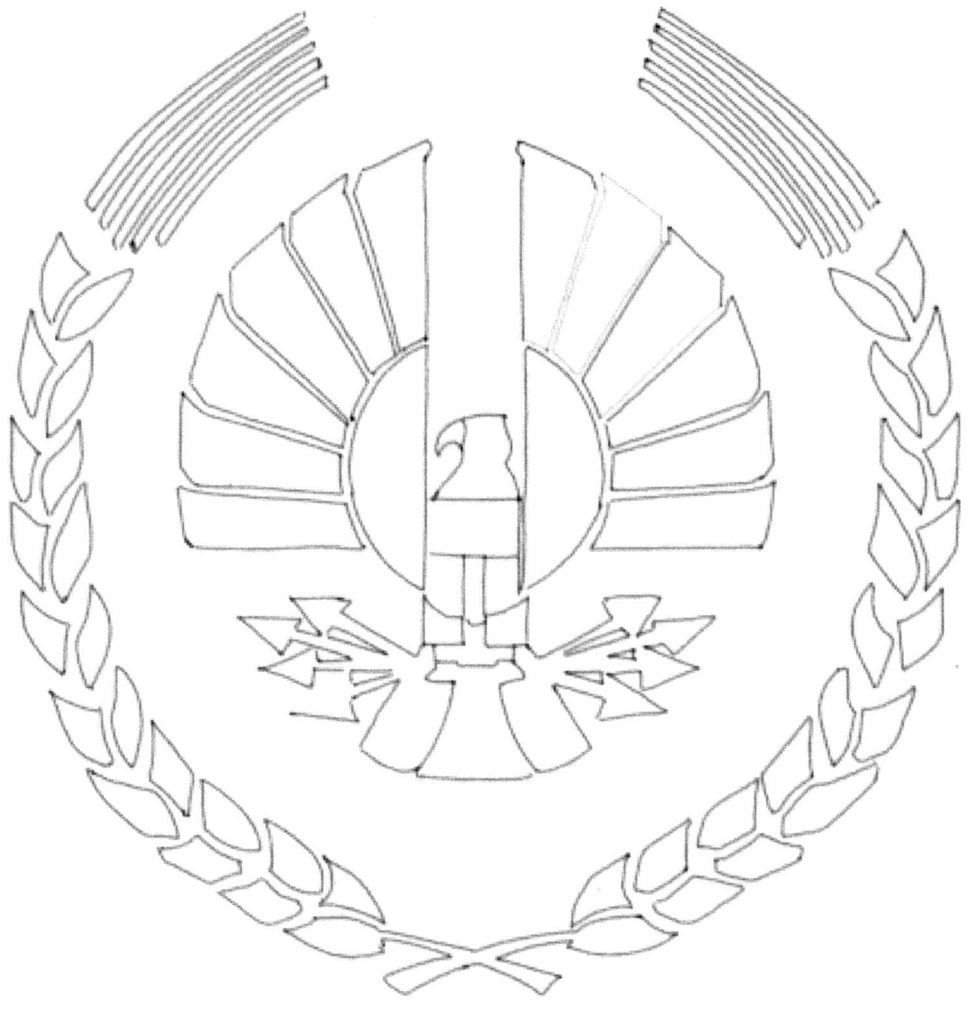

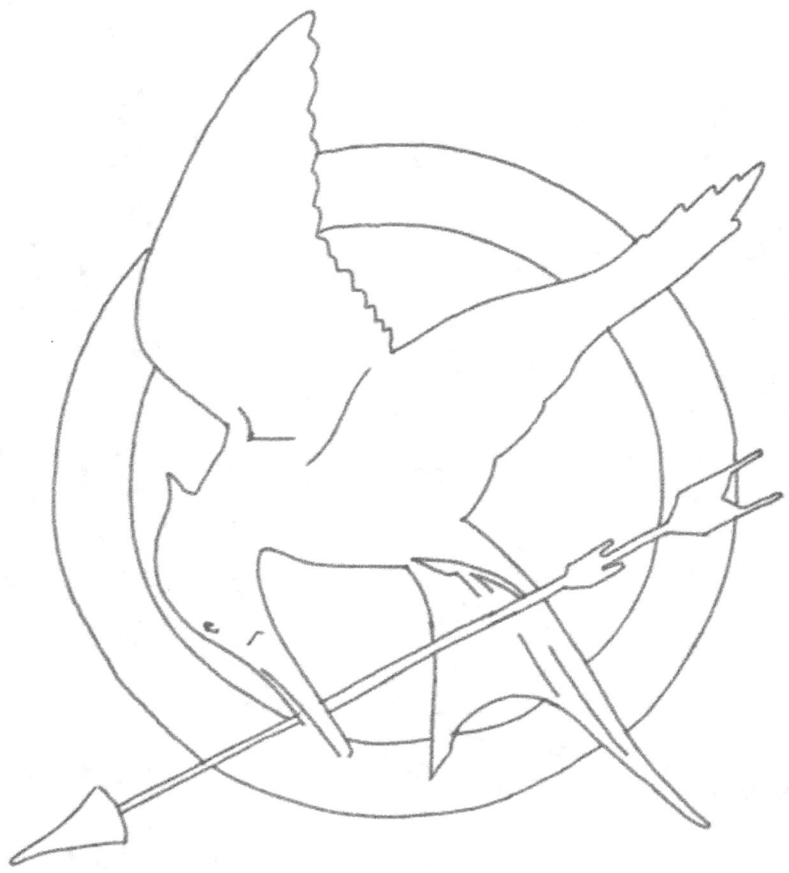

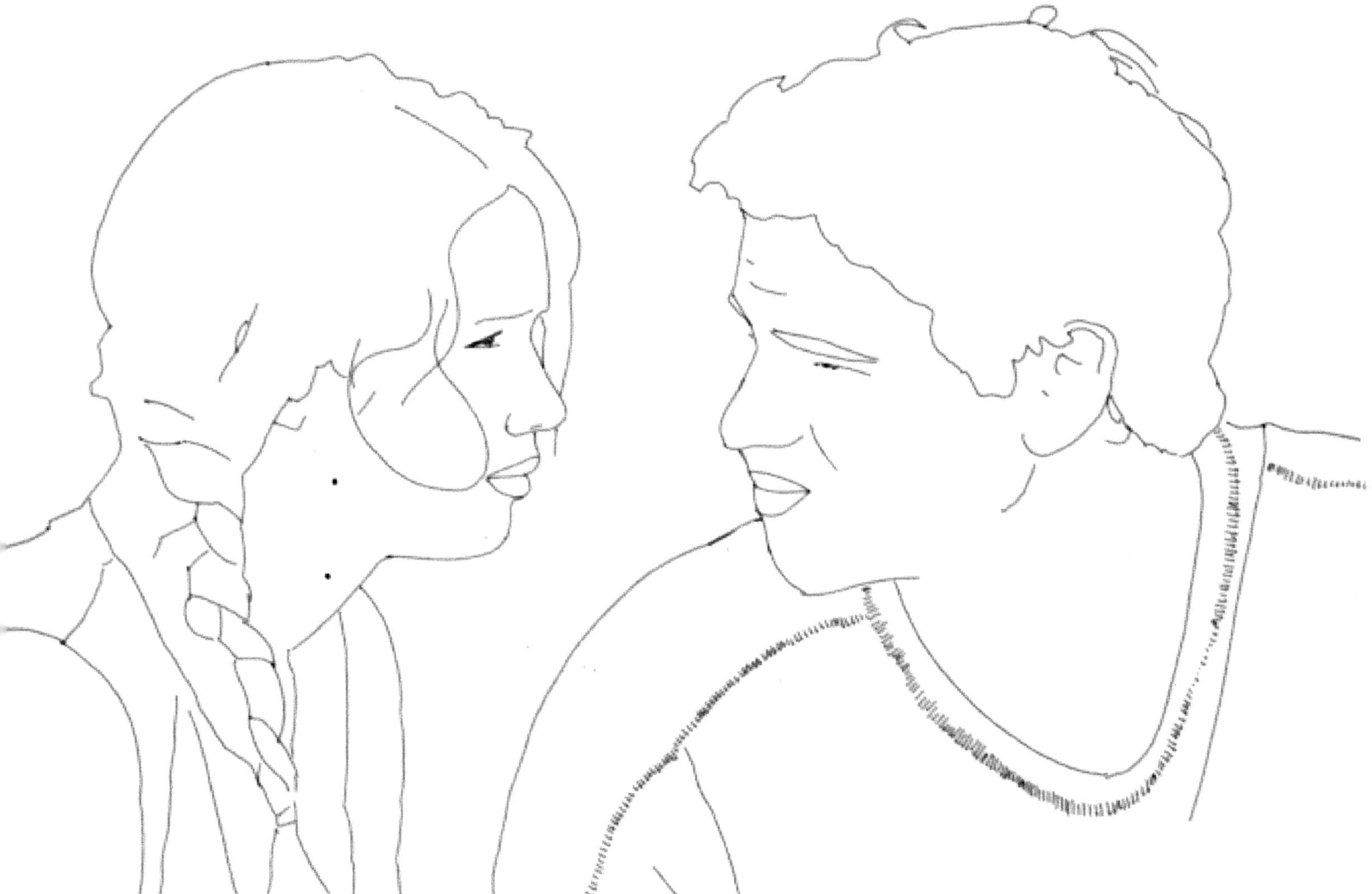

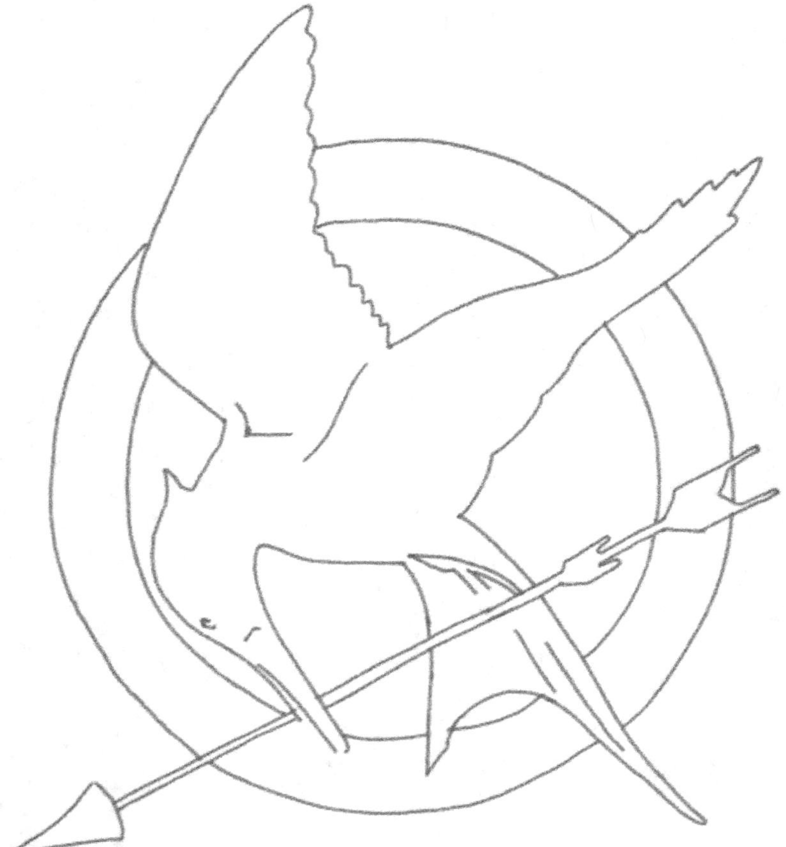

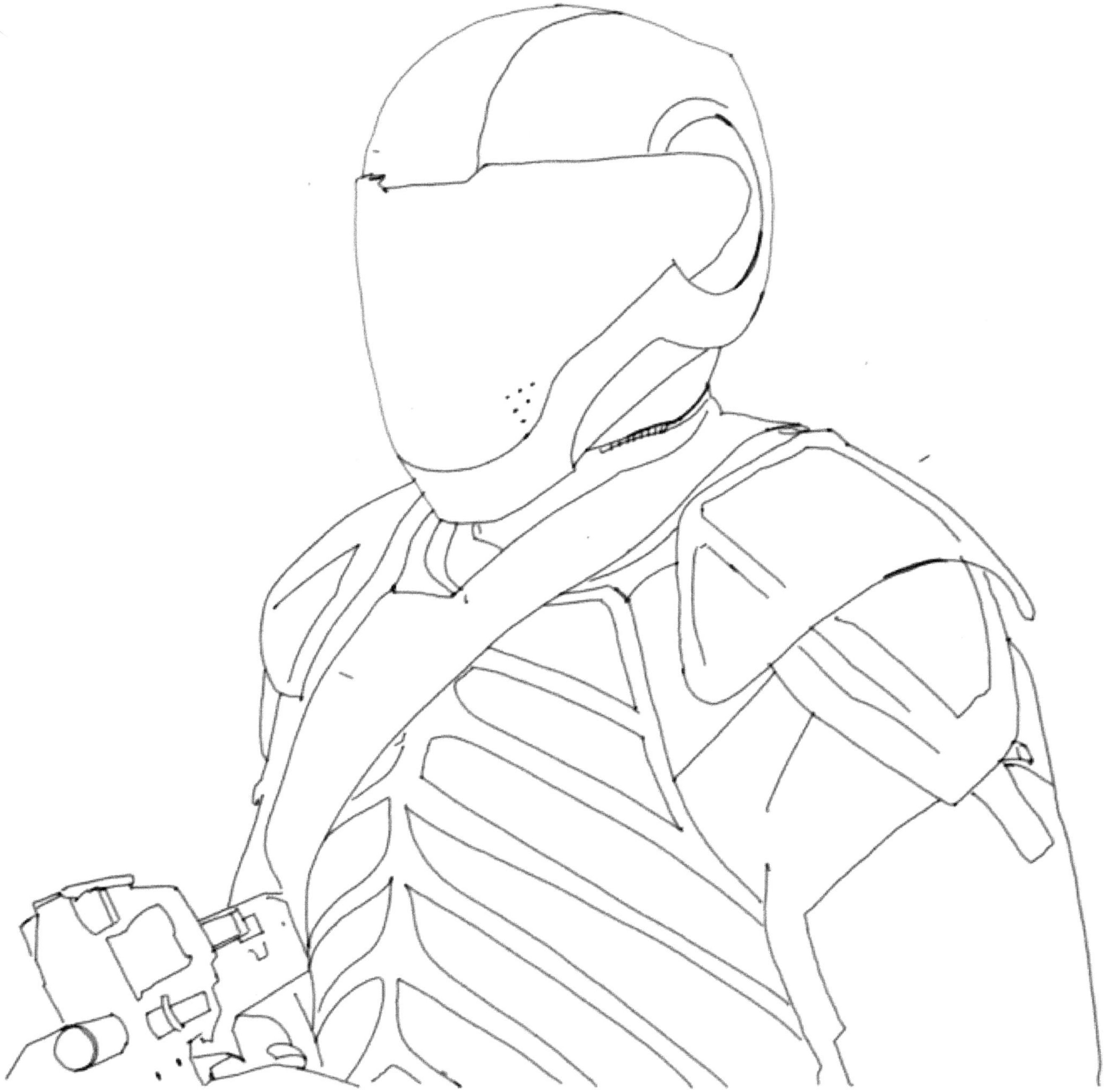

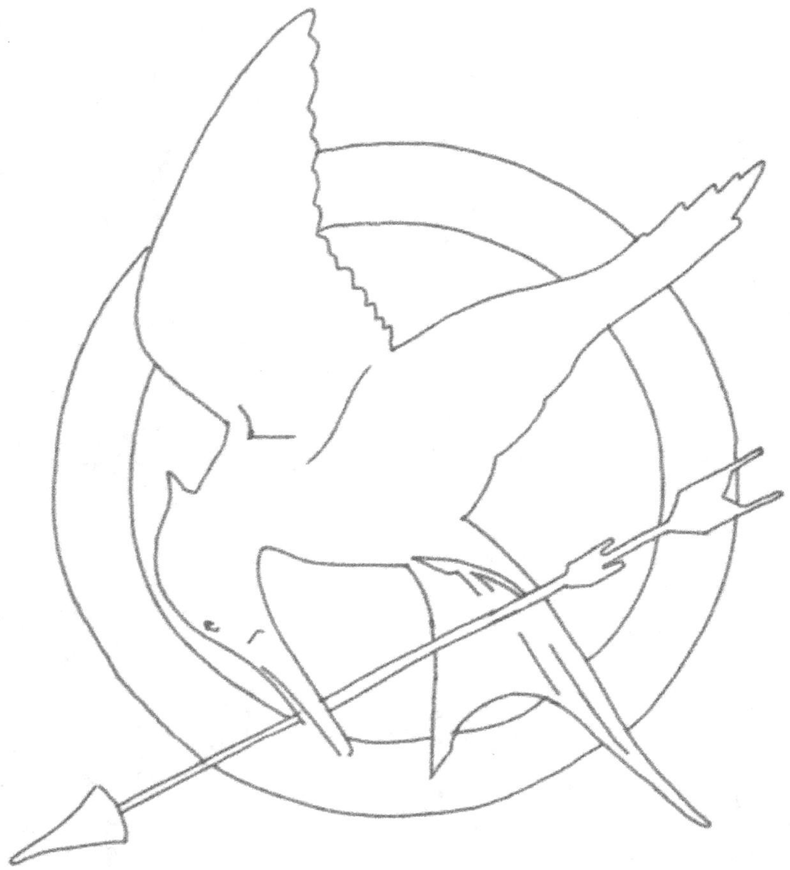

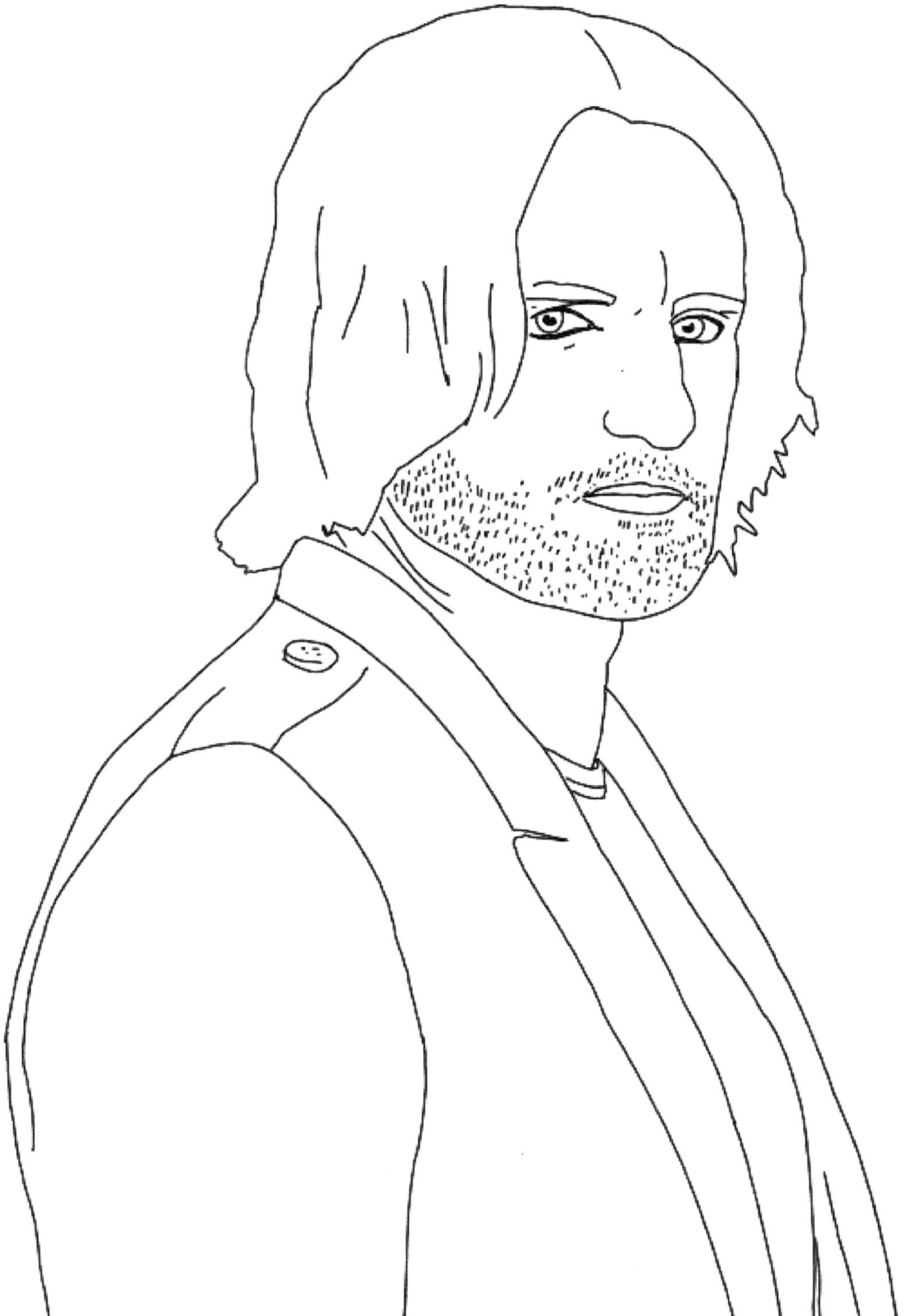

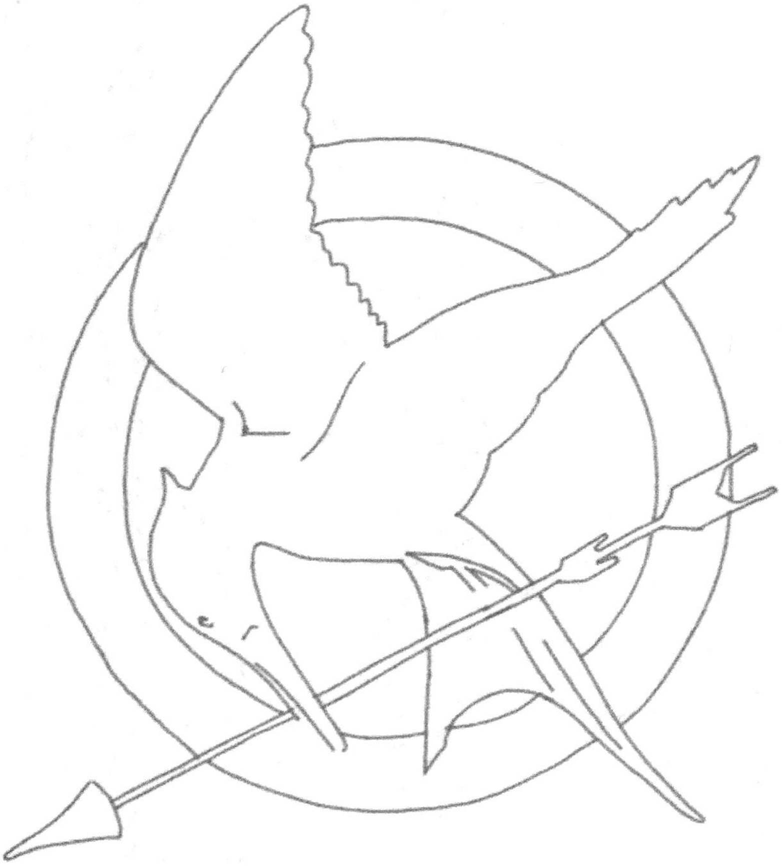

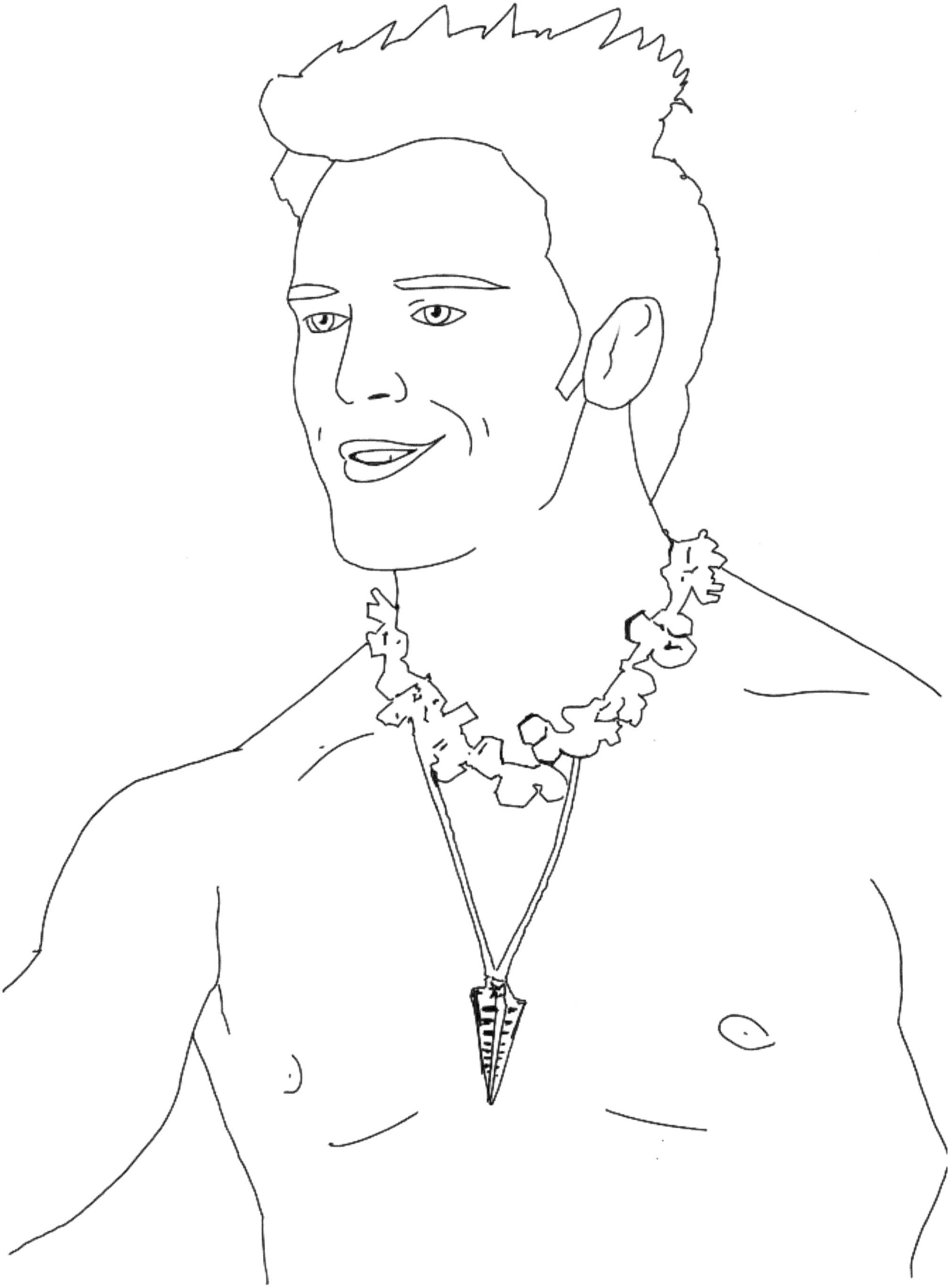

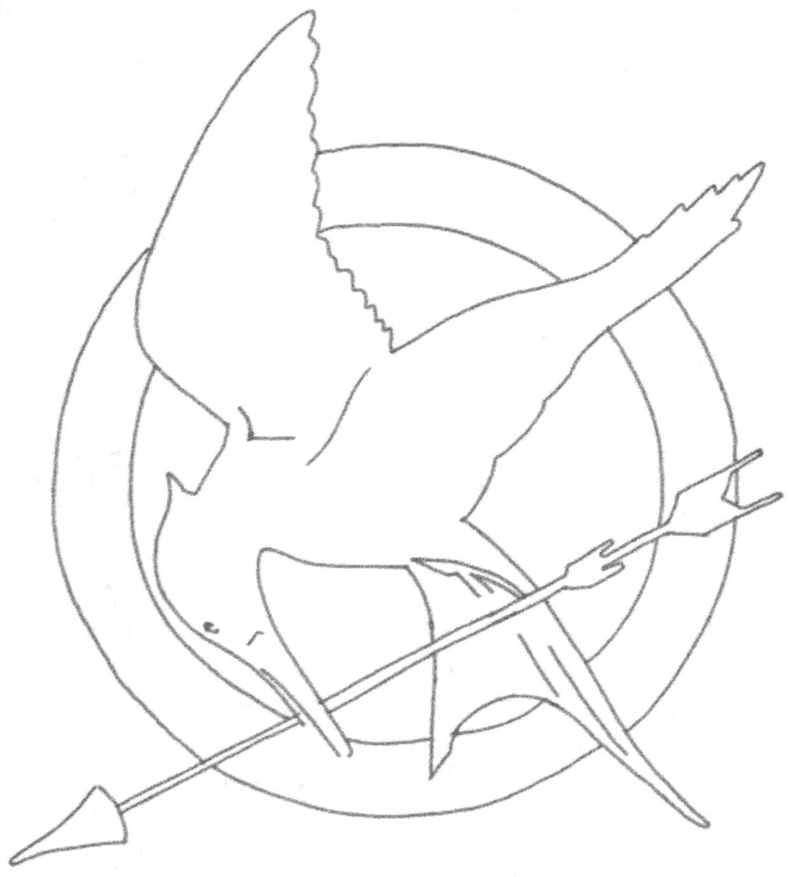

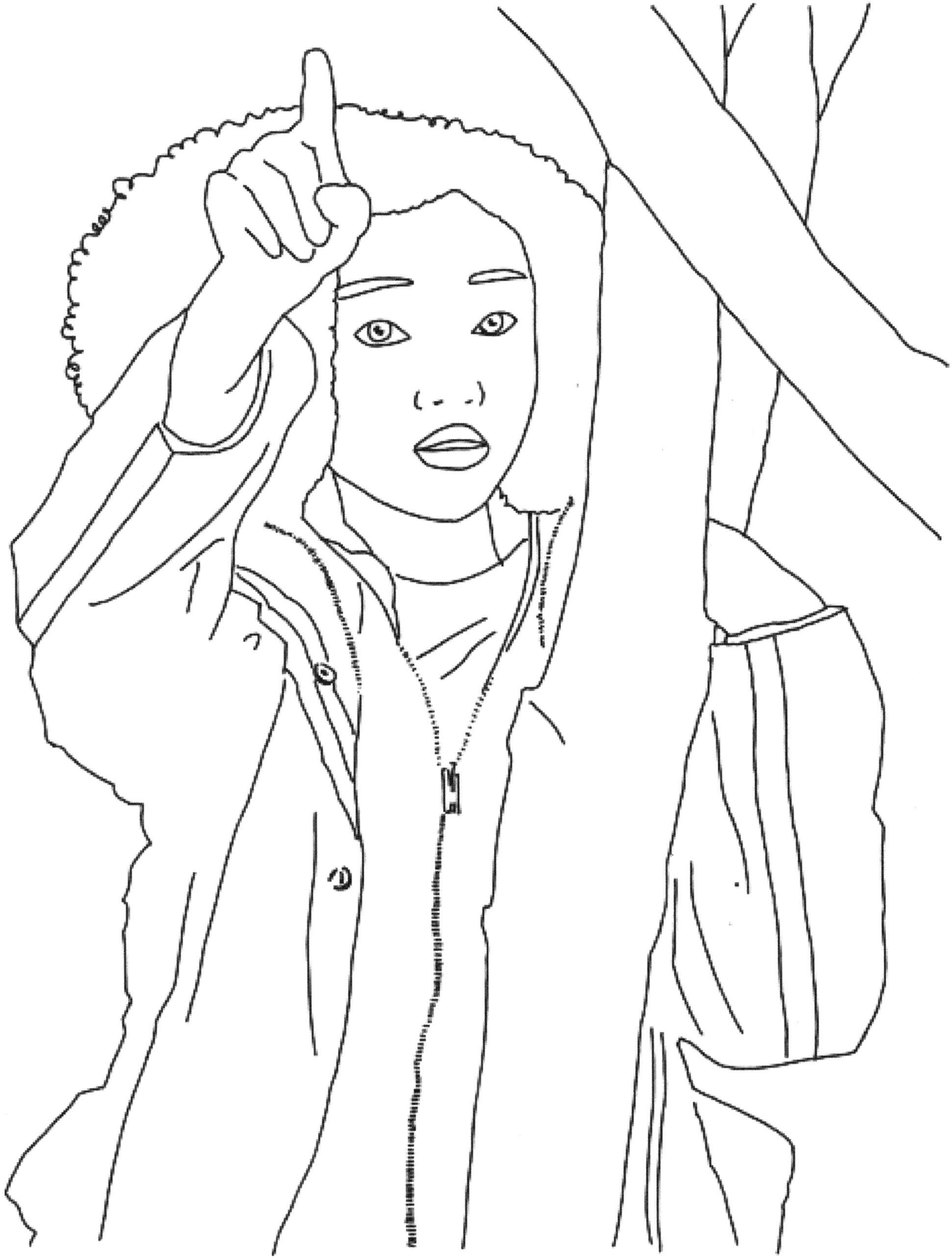

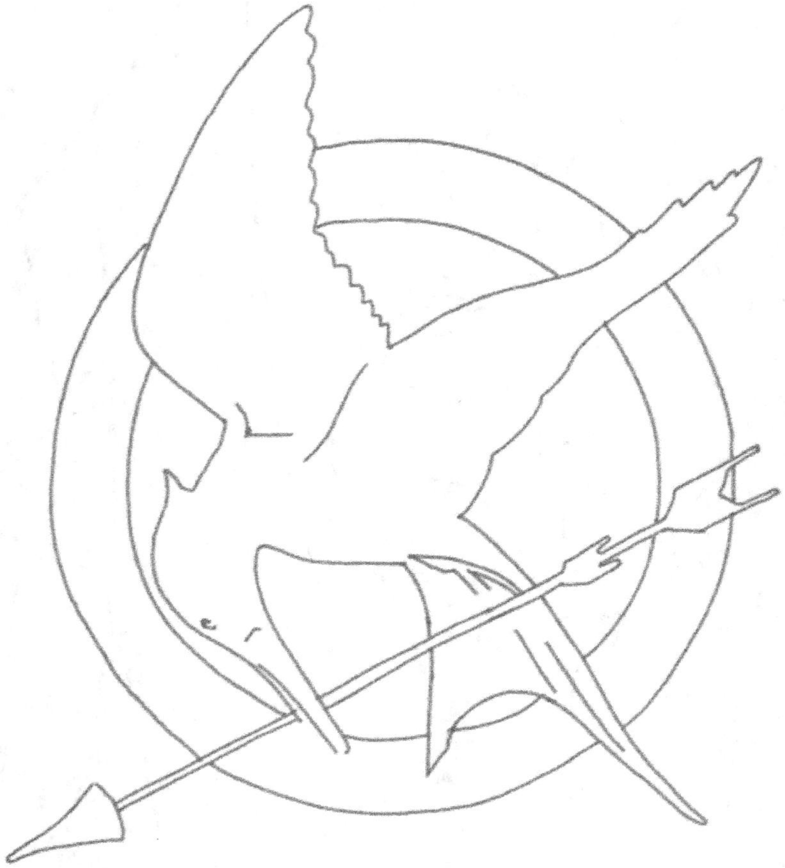

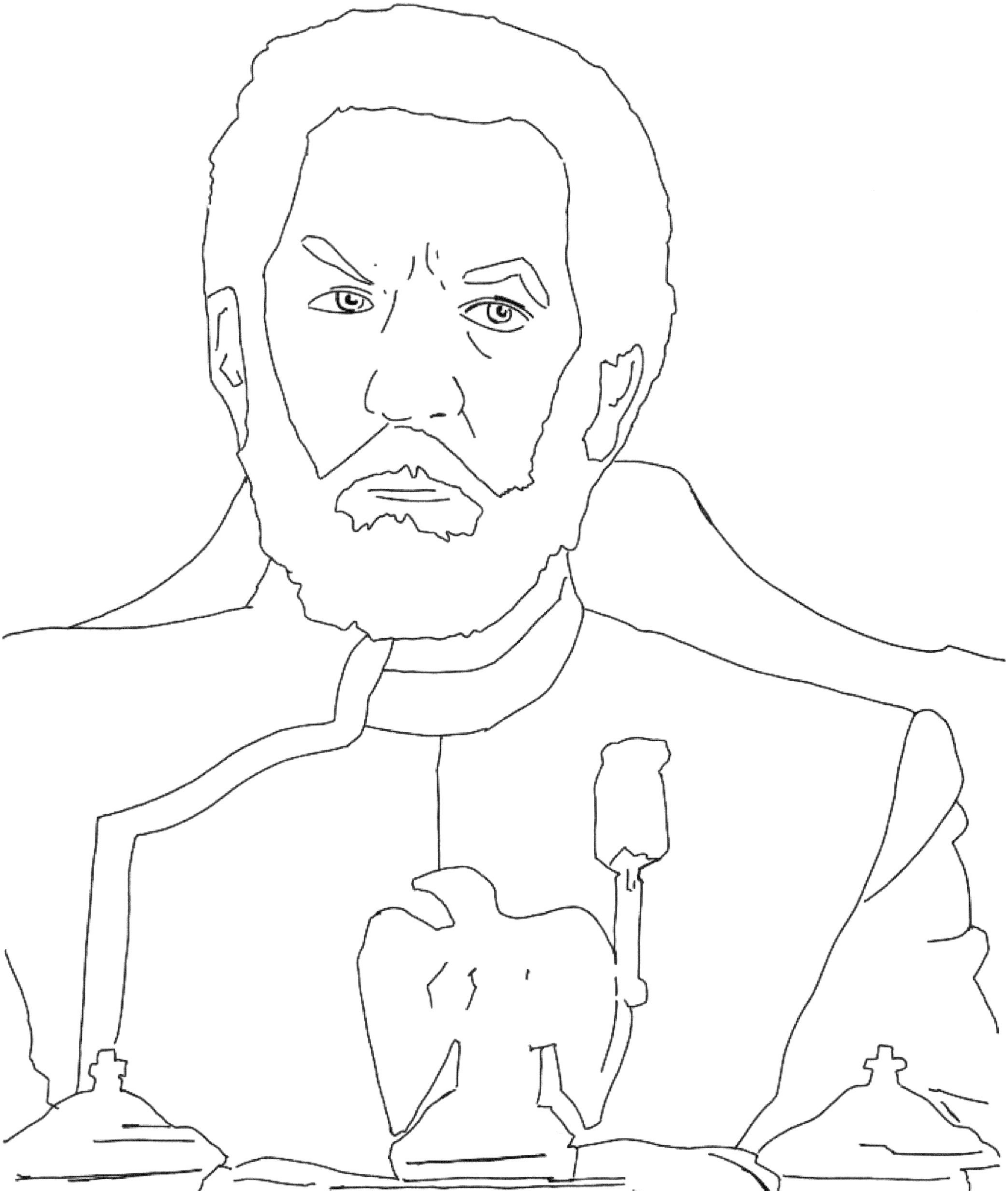

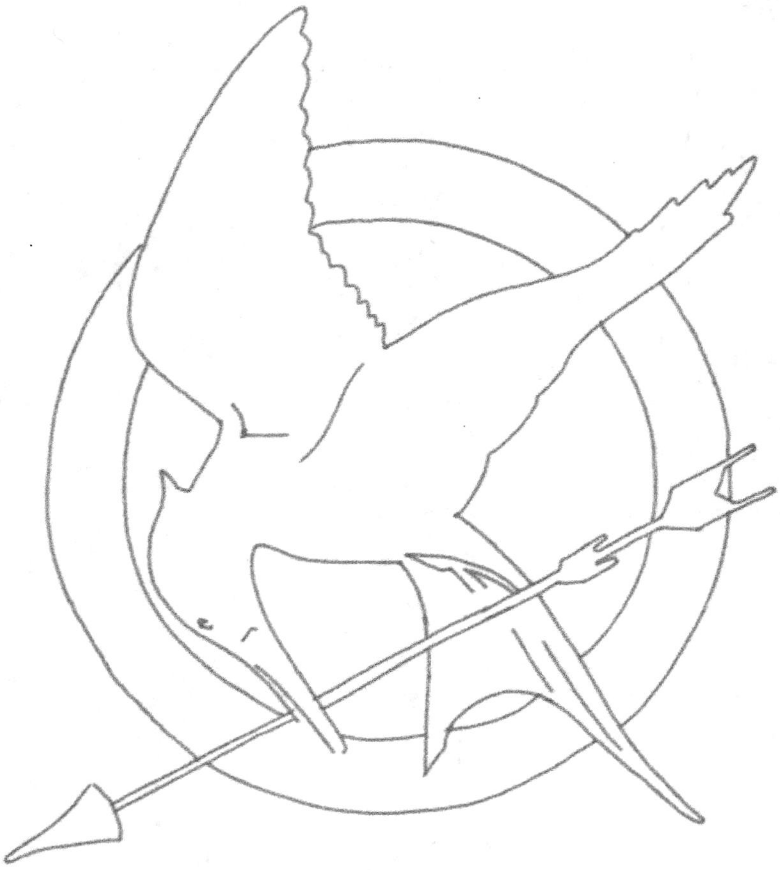

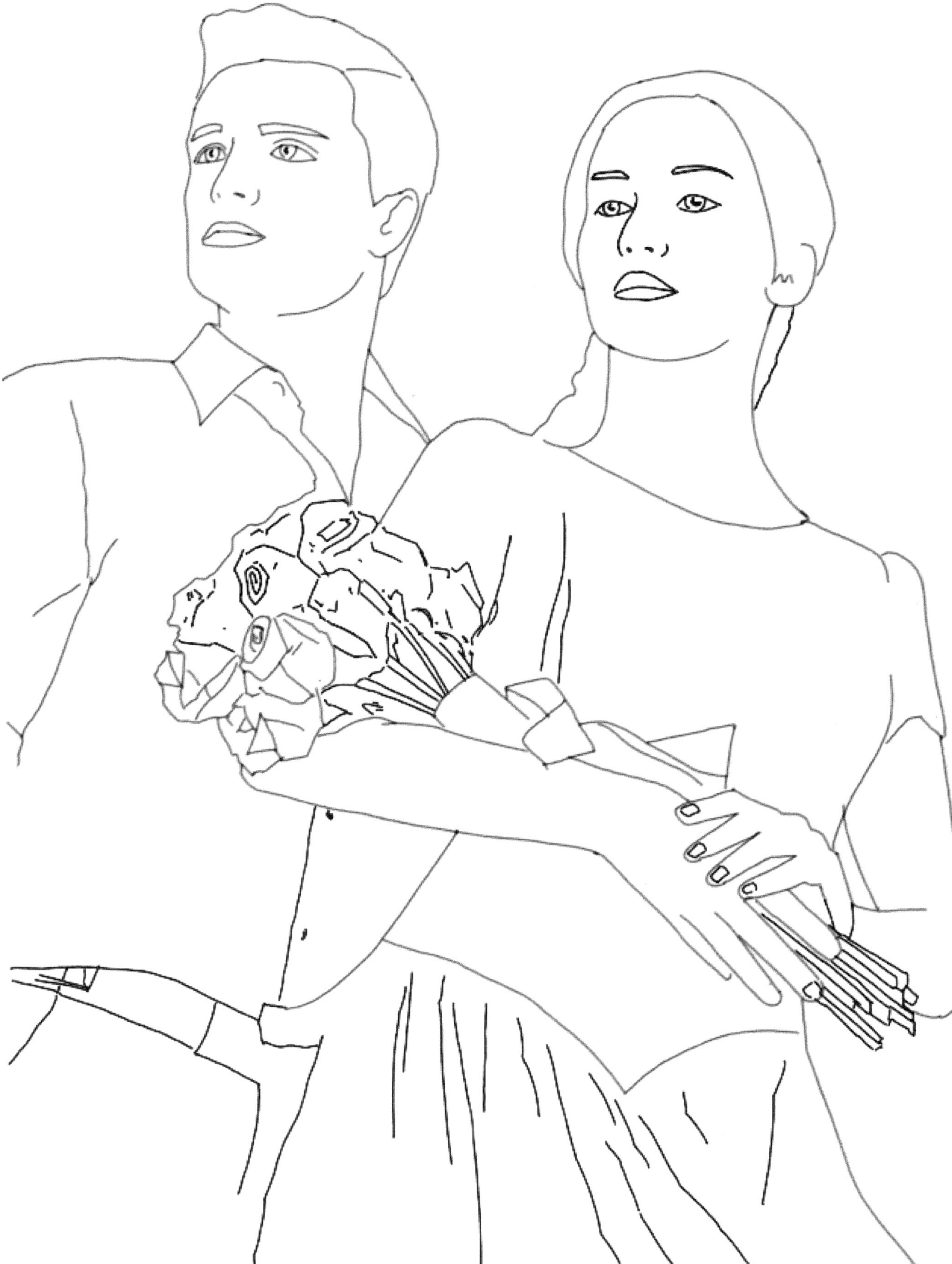

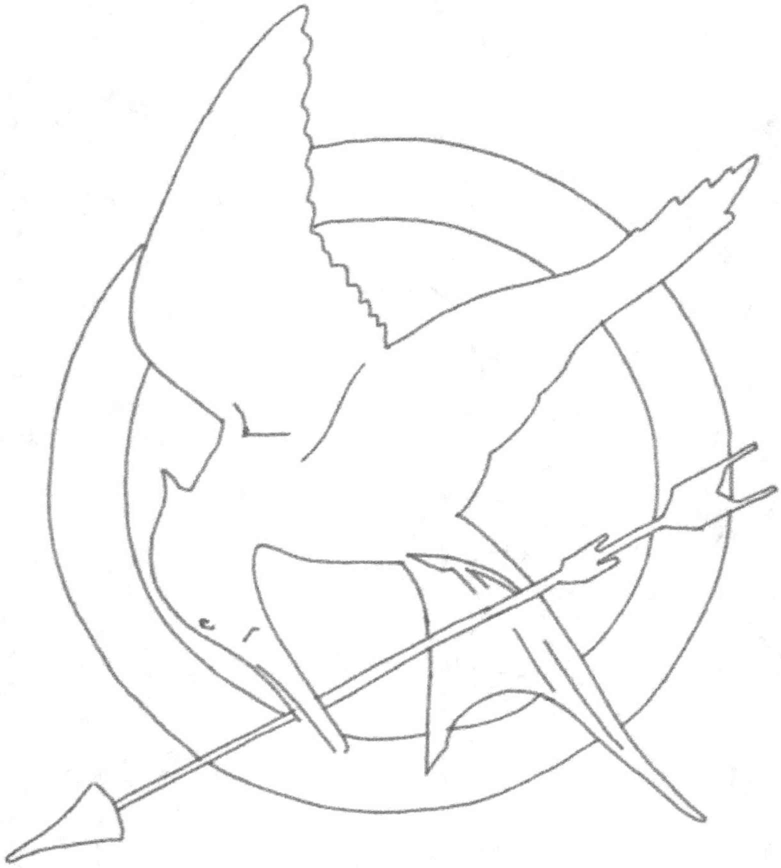

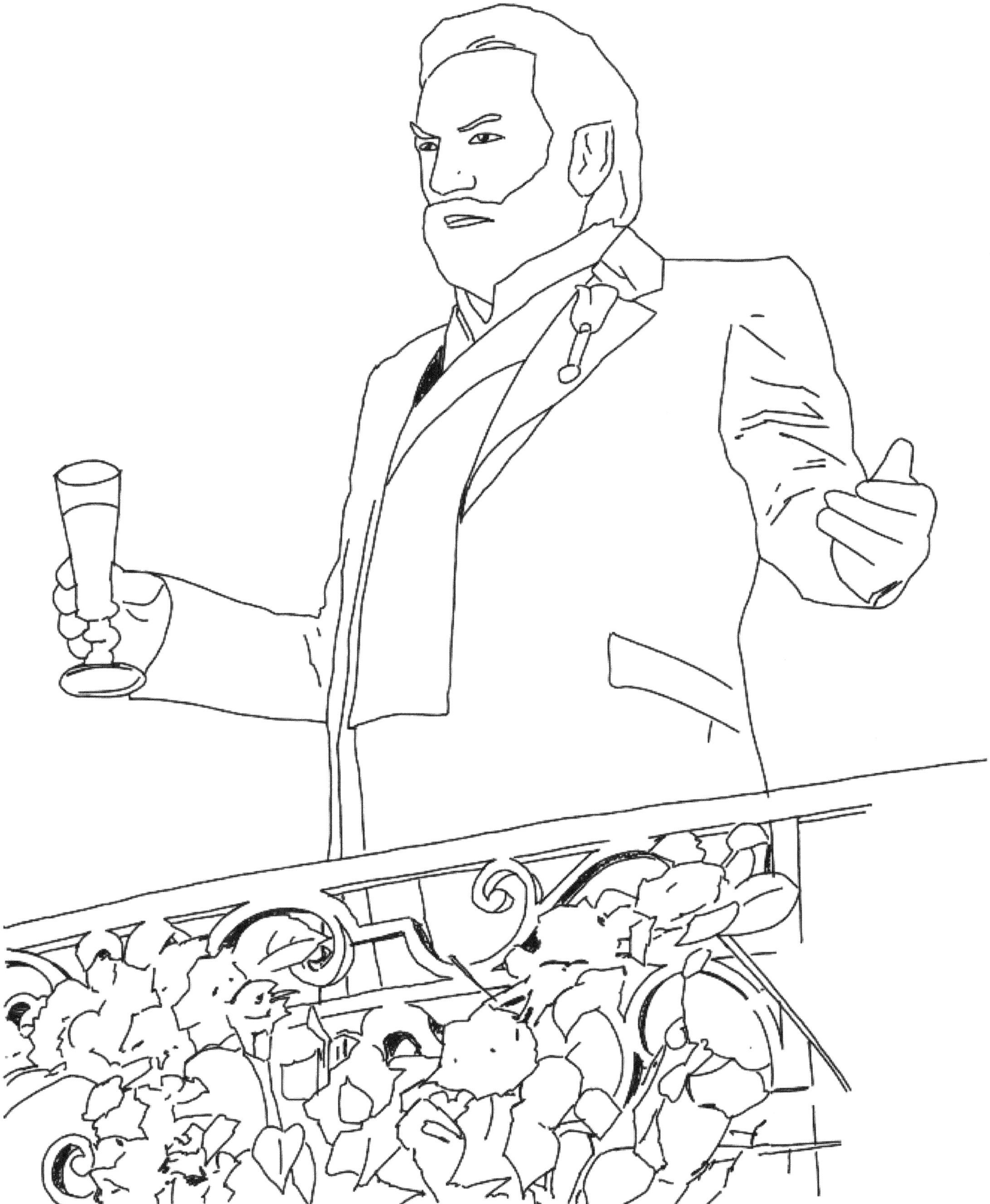

www.ingramcontent.com/pod-product-compliance
Lightning Source LLC
Chambersburg PA
CBHW062206220526
45470CB00009B/2946
* 9 7 9 8 3 2 6 0 7 7 9 0 5 *